Círculo Rojo

Disparates pornográficos de un tío de Murcia

DISPARATES PORNOGRÁFICOS DE UN TÍO DE MURCIA

Israel Ortega

Círculo Rojo
EDITORIAL

Primera edición: febrero 2024

Depósito legal: AL 358-2024

ISBN: 978-84-1061-737-7
Impresión y encuadernación: Editorial Círculo Rojo

© Del texto: Israel Ortega
© Maquetación y diseño: Equipo de Editorial Círculo Rojo

Editorial Círculo Rojo
www.editorialcirculorojo.com
info@editorialcirculorojo.com

Impreso en España - Printed in Spain

CAPÍTULO 1:

EL CAPITÁN BARBATIESA

La arena de esta playa está muy seca. Solo veo palmeras y más palmeras. Un grupo de cangrejos se dirige hacia mí y no tengo nada con lo que defenderme. En estos instantes temo por mi vida. Siento que en cualquier momento puede llegar algún pirata y robarme todas las pilas que tengo guardadas debajo de la toalla.

—No me vais a robar las pilas, ¿me oís? ¡Jamás! —vociferé mientras me rascaba con fuerza el paladar—. ¡HIJOS DE PUTA!

La verdad, no sé cuánto tiempo llevo aquí. Solo sé que me estoy volviendo loco. Hace años que no veo a Ana, no sé dónde está la civilización y, lo que es peor, ya ni recuerdo cómo se siente practicar sexo. Estoy perdido, perdido y desorientado. Tengo sed y calor, y ya no me quedan cocos suficientes para sobrevivir. Si tan solo pudiera escapar de aquí y volver a hacer el amor con Ana…

—¡SALVAAA!

¡Oooh, no!, ya estoy empezando a tener alucinaciones…

—¡SALVAAA! ¡SALVAAA!, ¿otra vez te has quedado embobado mirando el arenero del gato?

—Esto… Verás, estaba comprobando que el tamaño de cada grano sea el correcto.

—No cuela, Salva. Tú estabas en Babia imaginando que estabas perdido en una isla y que unos piratas planeaban robarte las pilas…

—¿Cómo sabes eso? —murmuré sonrojado.

—Porque estabas gritando: «No me vais a robar las pilas, ¿me oís?».

—¡Ups! Parece ser que he llevado mi fantasía demasiado lejos.

—No te preocupes, ¡je, je! ¿Sabes? Todo esto me ha dado una idea. ¿A ti te daría morbo tener sexo en una isla desierta?

—De hecho, me encantaría —dije con tono alegre.

—Pues creo que conozco el sitio ideal. ¿Tú confías en mí?

—Pues claro, Ana. ¿Por qué no iba a confiar en ti?

—Pues bien, quítate la arena de la cara y vístete, que nos vamos.

Tras treinta minutos de viaje por fin llegamos. Si bien no era exactamente una isla desierta, se aproximaba, pues no había absolutamente nadie. Era como si un gran huracán de leche y vinagre hubiese barrido el lugar.

—¿Qué te parece este sitio? —dijo Ana con sonrisa picarona.

—¡Me encanta!

En ese momento el morbo recorrió todo mi cuerpo. La simple idea de tener tocamientos me volvía más y más loco, hasta tal punto que mi erección cada vez era más fuerte. No podía resistirme más, me acerqué rápidamente a su boca y la besé fogosamente. Junté su lengua con la mía y un tremendo cosquilleo recorrió mi pecho. ¡Estaba demasiado excitado!

—¡Ana, necesito follarte ya!

—¡A sus órdenes, capitán!

En ese momento bajé apresuradamente su tanga y, como si del fin del mundo se tratase, metí mi miembro erecto en su suculenta vagina. El meneo fue tan fuerte que ella no podía evitar gritar de placer. Menos mal que no había nadie a diez kilómetros a la redonda; si no, ese alguien hubiese pensado que la estaban matando.

—¡¡Dios, síííí!! No pares, Salva. Creo que voy a morir de placer… ¡¡¡AAAH!!!

Cada vez que ella gritaba, yo la metía más intensamente y poco a poco notaba de nuevo ese cosquilleo recorriendo todo mi cuerpo. Era la adrenalina y el morbo de hacerlo al aire libre, con la madre naturaleza de testigo. El dulce viento rozaba mi sudoroso cuerpo mientras el orgasmo venía a pasos agigantados. Y vino. Fue tan inmenso que mi boca no pudo evitar lanzar un enorme grito de placer. Los dos nos corrimos al unísono y nos quedamos abrazados en la arena. Acabamos tan cansados que nos dormimos. Fue algo maravilloso.

Al día siguiente

—¡Ana, despierta, que estamos desnudos en medio de una playa!

—No me jodas, Salva. Nos hemos quedado dormidos. ¡Rápido!, ayúdame a encontrar mi tanga, que por la mañana suele venir gente a pasear por esta zona —dijo Ana muy preocupada.

—Esto... Te vas a reír, pero anoche de madrugada me desperté y le vendí tu tanga a un hombre que estaba pescando cerca. Le saqué un euro con cincuenta.

—Pero ¡¿tú eres tonto?!

—Sí, lo sé, tendría que haberle sacado un euro más, pero es que el tipo era muy bueno regateando y...

—PERO ¿ME QUIERES DECIR QUÉ HAGO AHORA? —exclamó Ana.

—Ana, no te enfades, por favor. No lo hice con mala intención.

—¡Aaah!, bueno, si no lo hiciste con mala intención, la cosa cambia, ¿no te jode?

En resumen, ella tuvo que cubrirse con una caja de cereales que había por ahí tirada y subir al coche. Después de eso estuvo dos días sin dirigirme la palabra. Mujeres, no hay quien las entienda.

CAPÍTULO 2:

DORA LA MASTURBADORA

—Ana, ¿cuánto te queda? Yo ya estoy listo.

—Salvador, por favor, ten paciencia, acabo de empezar a maquillarme. Después solo me queda depilarme las uñas y cortarme los sobacos.

—Lo has dicho mal. ¡Ja, ja, ja! —dije entre risas—. Se dice axilas, no sobacos. A ver si aprendemos a hablar…

—Salva, por favor, deja de ser tan machista.

—Y tú deja de echarle kétchup a la puerta, que eso no va hacer que cierre con más suavidad.

Tras más de dos horas de discusión, por fin conseguimos salir de casa. Íbamos al cine a ver una peli de vampiros, pero lo que jamás imaginé es que, al llegar a la sala de cine, volvería a ver a Dora, esa chica rarita que conocí hace tiempo en una fiesta de disfraces.

—¡Hola, Dora! —exclamé mientras comía mi doble ración de palomitas.

—¡Hola, Botas! ¡Ja, ja, ja! Perdón por el chiste tan malo —dijo Dora con cara de arrepentimiento.

—¡Ja, ja, ja! No te preocupes, me ha hecho mucha gracia —disimulé—. Por cierto, Dora, no sé si te llegué a presentar a mi amiga Ana.

—Mucho gusto, Ana. Tienes mucha suerte de tener un amigo como Salva. ¿Te has fijado en el cuerpazo que tiene? Se le marca el paquete según cómo le dé la luz. ¿Te lo has follado?, porque, si es así, menudo ascazo. A mí jamás se me ocurriría acostarme con un amigo, eso es de guarras. ¿De qué es la peli? No soporto las pelis de comedia, me dan…

—¡¡¡Dora, ya!!! Por favor, relájate —dije mientras trataba de tragar saliva.

La película ya había acabado, y Ana y yo estábamos charlando sobre el argumento:

—Mi parte favorita ha sido cuando el vampiro…

En ese momento Dora interrumpe la conversación:

—Ejem, ejem. Esto… Voy al baño —dijo Dora mientras guiñaba un ojo.

—Vale, te esperamos —añadí con cierto tono burlesco.

—Mejor nos vamos, ¿no? Esa chica es muy rara, tiene una mancha de mayonesa en el tobillo —dijo Ana mientras aguantaba la risa.

—Sí, será mejor que nos vayamos.

Justo cuando estábamos dispuestos a marcharnos, me dieron ganas de ir al baño. Nuestra casa estaba bastante lejos, por lo que no tenía más remedio que ir al servicio. Pero debía darme prisa, o la chica de la mayonesa en el tóbillo me daría la tabarra durante veinte largos minutos —lo que dura el viaje de vuelta—. Esa es otra, ¿qué clase de mente enferma se mancha los tobillos comiéndose un bocata? En fin, que pierdo el hilo. Me apresuro rápidamente al aseo y… No me lo puedo creer, Dora ya ha salido del baño.

—Sabía que no te podías resistir —dijo Dora con sonrisa pícara.

—¿De qué estás hablando?

—Vamos, no me digas que no sabes a lo que me refiero. Sé que lo estás deseando.

—¿Deseando el qué?

De un momento a otro Dora me cogió del brazo y me arrastró por la fuerza al cubículo del escusado. Puso el pestillo para asegurarse de que nadie pudiera entrar y comenzó a sobarme lentamente los genitales. Mi cuerpo estaba fuera de control, no podía creer lo que me estaba pasando. Era tan excitante… El morbo invadía mi mente y mi deseo sexual iba creciendo por momentos. Siguió acariciando mi miembro y, una vez erecto, bajó mis pantalones y procedió a masturbarme.

—Relájate, cariño, que te veo muy estresado —aseguró mientras me aliviaba con entusiasmo.

Sus manos eran como el terciopelo, tan suaves y reconfortantes que me hacían olvidarlo todo. Era algo mágico. Jamás pensé que una chica como ella pudiera hacerme sentir tan bien.

—Quiero que te concentres y disfrutes. Si necesitas eyacular, hazlo. No te lo guardes, échalo todo.

El clímax se aproximaba, ya lo veía venir. Una extraña energía se apoderaba de mi torso. Era mi corazón, que estaba a punto de salir disparado. Sudaba y sudaba. Todo mi cuerpo se estremecía, el vello se ponía de punta. Era una nueva sensación, una que rompía todos mis esquemas. Un gran gemido trataba de salir desesperadamente de mi boca, y yo hacía todo lo posible por retenerlo, mas no pude. El orgasmo llegó y no pude hacer otra cosa que dejarme llevar.

—¡¡¡¡AAAAH!!!! ¡¡¡¡AAAH!!!!

—Ya, ya, tranquilo. Échalo todo —dijo mientras acariciaba lentamente mi cara.

Aquello duró demasiado. No entiendo cómo pude tener un orgasmo tan increíblemente largo. Además, sus caricias me ayudaban a disfrutarlo el doble. No podía más. Había perdido muchísima fuerza, pero al mismo tiempo me sentía como nuevo.

Veinte minutos después

—¿Qué hacías tanto rato en el servicio? ¿No habrás hecho algo guarro? —preguntó Ana mientras reía de forma estridente.

—¡Ja, ja, ja! Es que me he encontrado con un amigo del insti y hemos estado hablando de… destornilladores… y pepinillos. Ya sabes, cosas de hombres.

—Sí, claro, pepinillos.

—Bueno, será mejor que nos vayamos antes de que Dora salga del baño.

—Sí, no quiero estar casi media hora de viaje aguantándola.

CAPÍTULO 3:

LA CARA OCULTA

¿Quién me lo iba a decir? La chica de la mayonesa en el tobillo le ha sacado brillo a mi casco alemán, y, lo peor de todo, me ha gustado. Dora, esa chica que está más loca que un cencerro, esa persona con la que jamás me hubiera imaginado en un baño eyaculando. Me siento sucio, pues ella siempre me ha dado bastante grima. A ver, no tengo nada en contra de esa muchacha, no quiero que se me malinterprete, pero siento cierto rechazo ante su presencia. Cada vez que la veo siento como si un abusón se comiera mis Pringles de vinagre. En fin, el caso es que no podía callármelo más. Necesitaba hablarlo con alguien y Ana era la persona indicada.

—Esto… Ana, ¿puedo contarte un secreto?

—¿Un secreto? Claro, soy toda oídos.

—Verás, te vas a reír… Ayer en el cine, cuando fui al lavabo, me encontré a Dora. El caso es que se me insinuó un poco y yo no pude resistirme. La verdad, no sé cómo pasó, pero me dejé masturbar y, lo peor de todo, me encantó. Me siento muy sucio, no sé qué hacer…

Su tono de voz se endulzó:

—¿Por qué te sientes así? Tú y yo no somos pareja, no tienes por qué ocultarlo.

—No es por eso. Es que yo siempre he sentido un fuerte rechazo hacia ella y, claro, esto me deja un poco descolocado.

—A ver, centrémonos, ¿a ti esa chica te gusta?

—¿Cómo me va a gustar?

—¡Yo qué sé! Si te sientes así, será por algo, ¿no?

—No, no es nada sentimental. Es simplemente que me puse muy caliente.

—¿Y qué problema hay, entonces? Mientras no sientas algo más…

—Tienes razón, no debería comerme tanto la cabeza. Todo el mundo tiene manchas en su currículum, supongo.

—Exacto. Veo que lo vas entendiendo. ¿Qué te parece si salimos un rato y olvidamos el asunto?

Tras una pequeña charla, Ana y yo nos disponíamos a coger el coche en busca de un sitio tranquilo. Eran las dos y media de la madrugada y el cielo se veía espectacular. Un gran manto de estrellas alumbraba la oscura noche e invitaba a la melancolía. Era tan hermoso ver aquel cielo que, sin dudarlo ni un segundo, nos subimos al capó para contemplar dicho espectáculo intergaláctico. La música de Cristian Castro sonaba de fondo mientras que un gran sentimiento de tristeza invadía mi cuerpo.

—¿Qué te pasa? Te veo un poco apagado. ¿Aún sigues pensando en eso? —preguntó Ana.

—No, no es eso…

—Entonces, ¿qué te sucede?

—Verás, nunca he tenido suerte en el amor. He intentado ahogar mis penas amorosas con sexo vacío. Al principio alivia un poco, pero cuando anochece te preguntas: «¿Qué he hecho mal, si lo único que he hecho ha sido amar? ¿Y qué he recibido a cambio?». Golpes y más golpes.

—Te entiendo. Todos nos hemos sentido así alguna vez.

—¿Tú nunca has tenido la sensación de que no has nacido para amar?

—Otra vez has estado escuchando a Juan Gabriel, ¿verdad?

—Sí —admití mientras miraba embobado a la nada.

—Mira, no te flageles. Simplemente no has tenido suerte, ya está. Algún día llegará el amor a tu vida y yo estaré aquí para apoyarte, porque sabes perfectamente que somos amigos y que renunciaría a acostarme contigo si fuera necesario, pues tu felicidad es lo primero.

—Eso ha sido muy bonito.

—Ya sabes, si alguna vez te enamoras de alguien, dímelo. Estoy dispuesta a alejarme de ti con tal de que vivas tu vida.

—Muchas gracias, Ana. Eres una verdadera amiga.

A la mañana siguiente

—¿Qué tal estás, Salva? Anoche te pusiste un poco melancólico —dijo Ana con cierta preocupación.

—Estoy mejor, gracias. No sé qué me pasó, fue un bajón puntual.

—¿Sabes? Deberías salir y distraerte, solo así evitarás darle vueltas al coco.

—¿Y qué plan propones?

—He pensado que podríamos ir a casa de una amiga, ¿qué te parece la idea? Le he hablado mucho de ti y está deseando conocerte.

—¡Claro, me encantaría! Por cierto, ¿tiene novio?

—Hay que ver, Salva, siempre estás pensando en lo mismo… No, no tiene novio —aclaró con cierta expresión de cansancio.

Llegamos a casa de la susodicha y los nervios recorrían todo mi cuerpo. Era mi timidez amenazando una vez más con arruinar la noche. Ella se levantó del sofá para recibirnos cordialmente y, acto seguido, se presentó:

—¡Hola! ¿Qué tal? Soy Reyes.

—Igualmente. ¡Uy!, perdón. Un lapsus —aseguré mientras me echaba las manos a la cabeza.

—¡Ja, ja, ja! Tú debes de ser Salvador.

—Sí. Bueno, eso dicen. ¡Ja, ja, ja!

—Te noto un tanto inquieto. ¿Estás bien?

—Sí, sí, no te preocupes. Es que soy un poquito reservado.

—Ah, bueno, no pasa nada. Siéntate si quieres, que está el brasero encendido.

—Gracias.

No entiendo cómo, pero, cada minuto que pasaba, me sentía más y más cómodo. Era como si su voz me envolviera, me daba una tranquilidad indescriptible.

—Por cierto, ¿qué edad tienes? —pregunté mientras terminaba de beber mi cubata aguado.

—Treinta años. ¿Y tú?

—Yo, veintiuno.

—¡Uy, vaya!

—¿Qué? ¿Qué pasa?

—Nada… —dijo mientras apartaba disimuladamente la mirada.

Tras unos largos segundos de ensordecedor silencio, Ana regresa al salón.

—¿Qué hacéis tan callados? ¿Se os ha comido la lengua el gato? —preguntó Ana mientras sostenía una bandeja de dulces de anís.

—No, es que no me encuentro muy bien. Debe haber sido el cubata. Beber con el estómago vacío no ha sido buena idea —dije mientras zarandeaba el hielo con el dedo.

—Pero ¿te vas a ir ya? ¿No te apetece un karaoke? —exclamó Reyes.

—No, lo siento. Es que no sé qué me pasa, tengo mucho dolor en la tripa.

—Bueno, como quieras. Ya sabes que esta es tu casa.

CAPÍTULO 4:

¡ATRÁS, CUPIDO!

—No te puedes imaginar cuánto te deseo…

—¿Cuánto? A ver, dime.

—¿No prefieres que te lo demuestre?

—Ay, no, por favor. ¿Qué te ha pasado? Podrías ser mi hermano pequeño. Mírate, tienes veintiún años y yo… yo tengo treinta.

—¿Y eso qué más da? Lo importante es que nos deseamos, ambos sentimos ese deseo ardiente. ¡Dejemos que fluya!

—Ay, no sé. ¿Qué va a pensar la gente si nos ven juntos?

—Nadie tiene por qué enterarse…

Y mis labios se fundieron con los suyos en un cálido beso. El vello de punta, un cosquilleo en las mejillas, mariposas en el estómago venían a mí como si de mi niñez volviera a ser testigo.

—¡Ufff, qué grande está tu soldadito!

—¡Ay, sí! Toca, toca…

—¿Cuánto tiempo llevas sin hacer el amor con una mujer de verdad?

—¿Esa es una pregunta trampa? Da igual, tengo mucha energía acumulada. ¡No aguanto más!

Y recorrí su cuerpo con mi lengua juguetona en busca de unos cálidos senos con los que ahogar mi angustia. Estaba completamente ido, no sabía quién era. La lujuria y el morbo recorrían mi mente. Lentamente, me dirigí a su pantalón para desabrocharlo con cautela.

—¿Qué te pasa? Te veo un poco indeciso, es como si no tuvieras ganas de comerme el... el... el...

—¡¡¡EL DESAYUNO!!!

—¿Qué pasa, Ana? ¿Por qué me despiertas? Jodeeer... Estaba teniendo un sueño precioso...

—¡Uyuyuy! ¿No habrás soñado con Reyes?

—¿Yo? Qué va... Pero si a mí esa chica ni me va ni me viene... —dije mientras hacía bolitas con las migas de la magdalena.

—Bueno, lo mismo dijiste de la chica rarita y, al final, mira. ¡¡¡Y no me hagas bolitas con la magdalena!!! ¿Tú no sabes que eso da mala suerte el día antes de la boda?

—Pero ¿qué dices?

—Es broma, Salva. Relájate un poco.

Esa misma tarde

—¡Salva, arréglate! Nos vamos al centro comercial.

—¿Cuándo? ¿Ahora?

—Sí, hijo mío, sí.

—No me viene muy bien. Hoy emiten en la tele un concurso de incendiar lechugas y...

—¡Anda, déjate de tonterías! Tú te vienes conmigo, que te lo vas a pasar muy bien. No quiero verte ahí tirado en el sofá, con ese pijama tan raro que huele a cianuro.

—A mí me gusta... —expresé con cara de pena.

—A mí no, y no quiero verte así. ¡Vamos, anímate!

—Voooy...

Intentaba disimular, pero ya era demasiado tarde. Me estaba convirtiendo en lo que, desde un principio, juré destruir. Y no es ni más ni menos que en alguien enamoradizo. Reyes fue para mí un flechazo en toda regla. Jamás había sentido algo así. Quizá fue porque vi en ella algo que yo perdí: la alegría. Ella siempre se estaba riendo, día y noche. Su risa era tan contagiosa que encendía en mí un rayo de esperanza. Desde el primer día que la conocí, no pude resistirme a volver a verla una y otra vez. Esos ataques de risa que yo tenía a su lado no tenían precio alguno. Ella me daba la vida, aunque también me la quitaba.

—¿Salva?

—Ya voooy…

Varias horas después

—Venga ya… Pero ¿qué clase de mente enferma echa croquetas congeladas en un cubata? —preguntó Ana con cierta incredulidad.

—Que sí, que te lo digo yo a ti. Ese día hacía calor, y mi tío tenía que hacer un examen en la universidad, así que se hizo un cubalibre. Como no había hielo, arrambló con lo que había en una nevera de playa.

—¡Ja, ja, ja! Tú te estás quedando conmigo…

—Que no, que te lo juro. Lo paró la guardia civil con el coche justo cuando se estaba echando el wiski.

—¡Ah! Pero ¿que encima iba conduciendo?

—Sí. Pero, vamos, que, dentro de lo que cabe, no salió tan mal la cosa… Hace poco le quitaron cuatro puntos.

—¿¡Solo cuatro puntos!? Tendrían que dejarle sin carné de conducir.

—Cuatro puntos en la cabeza. Cuando vio a la guardia civil dio tal volantazo que se estampó la botella en la sien. En fin, gajes del oficio…

¡¡¡RING, RING!!! Suena mi teléfono.

Una misteriosa voz femenina se deja oír a través de mi altavoz:

—¿Sí?

—No.

—Perdona, ¿esto es una broma?

—¿Quieres saber la verdad?

—Pero ¿qué dices? Tú no te meterás carajillos de anís dulce por vena, ¿verdad?

—Tú eres mío, ¿me oyes?

—Pues no muy bien, la verdad. Se escucha flojito, tengo que ajustar un poco el volumen del teléfono.

—Bueno, como veo que no te enteras, te lo voy a decir directamente: estoy en el mismo centro comercial que tú, solo tienes que acertar quién soy.

—Si me dieras una pista estaría genial.

—Tengo una mancha de mayonesa en el tobillo, la cual no me he podido limpiar en años porque tengo los brazos muy cortos.

—¿Dora?

—¡Exacto! Y estoy en el cuarto de baño de la segunda planta.

—No, Dora. Esta vez no.

—Pero ¿por qué?

—Porque no me gustas. ¿Puede ser? —dije con cierto tono burlesco.

—Pues tus gemidos de la última vez no decían precisamente eso…

—Mira, Dora, para que te quede claro, yo ahora he conocido a una chica increíble y me gustaría centrarme exclusivamente en ella. Bueno, y en Ana. En fin, ya me entiendes. Lo nuestro no pasó nunca. Solo fue una pesadilla, y punto.

—En cinco minutos te quiero aquí, que te tengo una sorpresa.

—Voy para allá.

Cuelgo el teléfono.

—¿Qué pasa, Salva?

—Nada, nada. Querían venderme un juego de aspiradoras.

—Sí, claro.

—Tengo que ir un momentito al baño, Ana. Es urgente, ahora vuelvo.

—Vale, te espero.

Y allí estaba ella, en un cubículo, en el baño de mujeres. En cuanto notó mi presencia, salió con gran velocidad, me agarró de la camiseta y me metió violentamente en aquel cubículo.

—Mierda, no hay pestillo —dijo Dora susurrando.

—No me jodas…

—Bueno, mejor. ¡Más emoción!

—Pero ¿tú estás loca? Que nos podemos meter en un buen lío…

—Hijo, qué soso eres. Tú tranquilo, no es la primera vez que lo hago.

—¿Seguro?

—Seguro. Tú relájate, cariño.

Y su lengua se dispuso a acariciar lentamente mi excitado miembro. Una vez más, no podía evitar gemir. Un rico cosquilleo recorría despiadadamente mis genitales haciéndome temblar con tal virulencia que apenas me permitía sostenerme en pie. Mientras mi mano izquierda mantenía la puerta cerrada, la derecha descansaba sobre la cabeza de Dora. Rindiéndome así ante su don divino.

—¿Te está gustando? —preguntó Dora con su sonrisa pícara.

—Sí, mucho. No pares, por favor, que me muero.

—Ahora quiero que te corras en mi boca…

—¿En… en serio?

—Sí, totalmente. Quiero que te vacíes, no te lo guardes. Te sentirás mucho mejor, ya verás.

—¡Ufff!, sí, me correré.

El ritmo de sus lametones aumentaba a pasos agigantados. No estaba seguro de cuánto tiempo más aguantaría. Solo sabía que el orgasmo se aproximaba y nunca volvería a ver el sexo de la misma manera.

—¡¡¡PARA, PARA, POR FAVOR!!! ¡¡¡VOY A EXPLOTAR!!!

Gritaba y gritaba, mas ella hacía caso omiso a mis peticiones. Era como si su único objetivo fuera vaciarme por completo y, por supuesto, no pararía hasta conseguirlo.

—¡De verdad te lo digo! ¡Para, por favor! Te lo digo por tu bien. No creo que estés preparada para lo que se viene.

Y me corrí.

—¡¡¡AAAH, AAAH!!!

—¡Dios mío! Sí que tenías acumulado... Lo estás manchando todo.

Fue el orgasmo más intenso, extraño y largo que he tenido en mi vida; tanto que su boca quedó tremendamente desbordada. Y no solo eso: toda su cara, sus pechos e incluso su vientre quedaron impregnados.

—¡Oooh, oooh!

—Tranquilo, no pasa nada. Échalo todo. Tengo clínex.

—Madre mía, la que he liado. Te he manchado entera, hasta el tobillo.

—Qué va, la mancha en tobillo ya estaba antes, ¿no recuerdas?

—Ah, es verdad. Deja que te la limpie, ya que estoy...

—Ni se te ocurra, muchacho. Esta mancha ya es como de mi familia.

—Si es por tu bien... Así te verás mucho más atractiva.

—Que no, coño. ¿A ti te gustaría que te borrasen un tatuaje?

—Hombre, no es lo mismo. Por cierto, ¿cómo has hecho para conservar la mancha intacta tanto tiempo? ¿No se supone que la mayonesa se va con el agua?

—Pues no lo sé, la verdad.

Salimos de aquel cubículo e ingrata fue mi sorpresa, pues no había ni uno ni dos, sino tres policías esperando en la puerta de aquel baño de señoras.

—Buenas, caballero. Hemos sido informados de que usted y su pareja han perpetrado actos sexuales en aquel cubículo.

—¿En cuál? —pregunté mientras terminaba de ajustarme el cinturón.

—En el primero de la izquierda.

—Mire usted, debo decirle que no es así. Lo hemos hecho en el segundo, no en el primero.

—Vaya, disculpe, ha sido un error. Sigan con lo suyo.

CAPÍTULO 5:

UNA MENOS EN CANARIAS

Parecía ser una mañana cualquiera: el sol brillaba igual que siempre, el viento parecía conservar el mismo recorrido, el mundo seguía como si nada, girando sobre su mismo eje, atrayendo con su gravedad tantas vidas, tantas historias que contar… Mas ese día, ese maldito día, habría una menos. Y esa era Ana…

No recuerdo muy bien cómo pasó. Mi psicóloga dice que, debido al tremendo trauma, mi mente lo ha borrado todo como si de una libreta se tratara. Lo único que recuerdo es escuchar a mucha gente gritando, pero en mi retina no hay ni una sola imagen. ¿El motivo de la muerte? Fue algo muy absurdo. Lo sé gracias a los doctores que la atendieron.

Sinceramente, no sé si reír o llorar. Aunque mi psicóloga me ha dicho que mejor reír, pues, cuando las desgracias llegan, a veces lo mejor es llorar todo lo que puedas y desahogarte, para más adelante tomártelo con humor y hacer chistes de humor negro.

Sé que es algo complejo, no todo el mundo estaría dispuesto a reírse de ese tipo de situaciones. Pero creedme cuando os digo que el humor negro me ha salvado de caer en las frías y afiladas garras de la depresión.

La historia es un tanto extraña. Ana y yo nos fuimos a Tenerife de vacaciones. Te contaría muchos más detalles si no fuera por mis problemas de memoria. Lo único que sé es que, según los médicos, Ana y yo estábamos en la terraza de una cafetería. Todo iba bien hasta que, de un momento a otro, Ana bostezó y, sin saber muy bien por qué, un pájaro cayó en picado en su boca y se ahogó. Se ahogó ella, no el pájaro. El pájaro sigue vivo, el muy cabrón.

Tan solo recuerdo a toda esa gente gritando y después una ambulancia. Y, por supuesto, cómo olvidar lo que me cobraron por el café: cinco euros. Menudos ladrones…

En fin, que me disperso. El pájaro entró con tanta fuerza a la boca de Ana que llegó hasta la tráquea. Sin duda, una muerte tan absurda que nadie se la creería, pero así sucedió.

El tiempo pasaba y por fin parecía haberme olvidado de Ana. Era como si nunca la hubiese conocido. Aunque pareciese triste, había logrado hacer creer a mi cerebro que Ana no fue más que una ilusión, un simple sueño. Algo que siempre recordaré con cariño, pero que nunca fue real. Los años pasaban y yo seguía prácticamente igual: ahogando mis penas, mis frustraciones y mi vacío con sexo fácil. Es muy triste, lo sé. Pero era lo único que me quedaba. El amor me había dado la espalda y la vida cada vez tenía menos sentido. ¿Qué iba a hacer? Pues dejarme llevar. Es muy deprimente, lo sé. Pero es la maldita realidad.

Si me preguntas «¿Qué fue de Reyes?», yo te diré «No quiero hablar de ello». Tras haber estado un tiempo saliendo con ella, me percaté de que yo no le interesaba para nada. Para ella no era más que un sucio trapo, un sujetavelas, un *follatabiques*. Yo era su conejillo de Indias dispuesto a recibir cualquier falsa señal de coqueteo. Después de aquello no volví a ser el mismo. Sentí que mi vida se perdía en un abismo profundo y negro, como mi suerte. Pero aquella fue otra etapa de la que «salí airoso». Y lo escribo entre comillas porque en el fondo sé que no lo he superado. De todos modos, no todo ha sido malo. He vivido cosas increíbles, emociones que nunca pensé que fuera a vivir. He sido testigo de las más inimaginables locuras. Yo, que siempre he tenido dificultad para hablar con chicas, puedo presumir de haber sido capitán de aquel barco al que me daba miedo subirme de pequeño…

En fin, no quiero enrollarme demasiado. El caso es que ya había pasado casi un año de todo aquello. Yo estaba como siempre, en mi casa, sin nada que hacer, cuando de pronto suena el teléfono:

¡¡¡RING, RING!!!

—¿Sí?

—No.

—Otra vez con la misma tontería. ¿Qué quieres, Dora?

—¿Yo? Que me poseas, que me hagas tuya.

—Dora, no quiero nada contigo, ya no sé cómo decírtelo. Te he mandado a la mierda en diecisiete idiomas, ¿qué más quieres?

—Es por esa tal Reyes, ¿verdad? Sigues pensando en ella.

—¿Y a ti qué te importa? ¿Acaso tú eres mi pareja? —exclamé enfurecido.

—Oye, tú a mí no me hables así, porque yo chasqueo los dedos y en veintitrés segundos tengo al del butano enfrente de mi puerta como a un perro con la lengüita fuera.

—Muy bien, pues disfruta de tu perro. Yo no quiero saber nada.

—Pues que sepas que hemos terminado.

—¿Qué dices? ¿Tú estás bien de la cabeza? ¿Cuándo te he dicho yo a ti que somos novios?

—Hombre, si te dejas masturbar por una mujer, eres su novio automáticamente. Eso es por ley. Y tú tendrías que estar aquí conmigo, que para eso eres mío.

—¿Perdona? Tú masticas cristales de lunes a viernes, confiesa.

—¡Tú eres mío, y punto! Como me entere de que vuelves a ver a esa tal Reyes, te vas a enterar.

—¿Me estás amenazando?

—No, perdona; te estoy avisando. Y el que avisa no es traidor. Y, en casa del herrero, cuchillo de palo. Y más vale pájaro en mano que cien mil volando y…

—¿Qué dices? Dora, léete los prospectos de los medicamentos, hazme el favor.

—Cuelgo el teléfono.

Dora no paraba de acosarme. Cada día y a cada hora, ella aprovechaba la ausencia de Ana para atacar mi punto más débil. Pero yo solo podía pensar en una persona, y esa era Reyes, esa chica tan inalcanzable, con la que había cortado cualquier atisbo de contacto. La impotencia invadía una vez más mi mente. No podía quitármela de la cabeza, mas no había otra opción que resignarme y darme cuenta de la verdad: ella nunca fue ni será para mí.

Una vez mi madre, que en paz descanse —ya que en este momento se está echando la siesta—, me dijo: «Recuerda, hijo: si alguna vez sufres de desamor, empótrate a todas las mujeres que puedas. No pares hasta superar el récord de Fermín Trujillo o Bertín Osborne. Esos dos deberían ser tus referentes paternos. ¡Ah!, por cierto, no te olvides de sacar la basura, que hoy he limpiado chipirones y eso huele…».

Un consejo que, si bien hasta ese entonces había seguido al pie de la letra, comenzaba a sospechar que no era la mejor manera de llenar un vacío amoroso. Pero, si te soy sincero, mi querido lector, no se me ocurría ninguna otra forma de sustituir al amor romántico, con lo cual mi vida después de todo seguía prácticamente igual: Dora cada vez estaba más loca, Ana cada vez estaba más muerta y yo cada vez me sentía más desesperado. Solo me quedaba una salida —¿lo pillas? Salida. ¡Ja, ja, ja! Porque ella está muy salida—, y esa era Dora. ¿Qué te voy a contar de Dora que ya no sepas? Una chica paranoica, repelente, manipuladora e inmadura. Nadie en su sano juicio querría estar a su lado. Pero, seamos sinceros, era la chica que tenía más a mano.

¡¡¡RING, RING!!!

Una voz misteriosa se deja oír:

—Hola, Salva.

—Dora, ¿eres tú otra vez? Mira, ya estoy cansado de todo esto. Yo solo quiero una cosa: que me dejes en paz.

—No, no soy Dora. Mira dentro de tu armario.

—¿Cómo?

—Que mires dentro de tu armario.

—Dora, esto no tiene gracia. Colarse en las casas ajenas es delito. Te voy a denunciar.

—Yo no te he dicho que esté dentro del armario, *follapavas*.

—Entonces, ¿por qué quieres que mire dentro? ¿No habrás hecho alguna locura?

—Tú mira dentro, hazme caso.

Me dispongo a abrir el armario principal y me encuentro con una nota: «Mira en el frigorífico».

—Pero ¿qué mierda es esta? ¿Una yincana? ¿Y cómo te has colado tú en mi casa?

—Calla y mira en el frigorífico.

Me dirijo a la cocina y abro la nevera. En ella me encuentro un táper con otra nota: «Mira debajo de tu cama. P. D.: No te quedes con el táper».

—¡Joder, Dora, me estás acojonando!

—Que mires debajo de la cama, ¡hostia!

—Ahora mismo llamo a la policía.

—Debajo de tu cama es donde está la sorpresa final, te lo juro.

—¿Seguro?

—Seguro.

Doy varios pasos más hacia mi cuarto, me pongo de rodillas y miro debajo de mi cama.

—Dora, no me jodas…

—¿Qué? ¿Qué pasa? ¿Ya lo has visto?

—¿En serio me has hecho gastar tiempo en esto? Tú estás mal, ¿eh?, pero que muy mal.

—¿Qué tiene de malo?

—¿Que qué tiene de malo? ¿Para qué cojones quiero yo una foto tuya chupando una cuchara?

—¿Qué pasa? ¿No te gusta?

—Pero, bueno, ¿tú me estás vacilando? —exclamé furibundo—. Te digo una cosa: como se te ocurra volver a colarte en mi casa, te meto una orden de alejamiento que te falta península para correr.

—Joder, Salva, cómo se nota que estás amargado... Desde que se murió Ana...

—Como me saques el tema de Ana, te juro por mi vida que no me ves más el puto pelo, ¿me oyes? Ya se te ha acabado el chollo de tratarme como te dé la real gana. ¡Ya estoy hasta los huevos! —advertí mientras hacía añicos la fotografía—. Eres la persona más repelente, manipuladora, rastrera, egoísta y perturbada que he tenido la desgracia de conocer y...

—Bueno, lo que tú digas. Pero ¿no crees que se te olvida algo?

—¡¿El qué, Dora?! ¿El qué? —grité enfurecido.

—Mi táper de litro y medio. Devuélvemelo.

Respiré hondo, exhalé lentamente el aire y, una vez calmado, rompí el silencio:

—Mira, Dora. En este momento se me ocurre una larga e interminable lista de insultos para dedicarte, y créeme que ninguno de ellos es legal. Pero, en vez de faltarte al respeto, te diré lo siguiente: ven aquí ahora mismo y llévate tu puto táper de mierda. Así te reviente un día en la cara mientras guardas albóndigas con caldo y el líquido te salpique hasta las pestañas.

Golpeo fuertemente la mesa y seguidamente cuelgo el teléfono.

Aquella discusión duró más de lo que me hubiera gustado. No solo marcó un antes y un después en mi relación con Dora, sino que también creó en mí, una vez más, esa sensación de que jamás encontraría a alguien que valiese la pena. Las películas románticas, las canciones de amor, los poemas, las rosas... ya no serían lo mismo. Una inmensa rabia se gestaba dentro de mí. Desde aquel día algo despertó desde lo más profundo de mi ser. Desde aquel día ese chico de mente inocente que se arrastraba por los pasillos de la vergüenza detrás de cualquier mujer se convertiría en la antítesis del romanticismo. ¡Fuera baladas, basta de malditas ilusiones, a tomar por culo la sentimentalidad! ¡El amor es una puta basura!

CAPÍTULO 6:

LA GUARRA DE LAS GALAXIAS

El hastío me aprisionaba el pensamiento. Era la primera vez en mucho tiempo que me había quedado completamente solo, sin amigos y sin nadie con quien compartir mis aficiones. Sin embargo, eso se iba a terminar tarde o temprano.

Era una tarde de agosto y se iba a celebrar en Murcia, mi ciudad, una fiesta de disfraces. Estaba muy ilusionado. En ese tipo de festejos se conoce a mucha gente y quizás, con algo de suerte, conocería a mi próxima follamiga.

Las reglas de la celebración eran muy simples: podías disfrazarte de lo que te saliera de las pelotas. Eso sí, tenías que elegir un tipo de disfraz en concreto. Había diferentes géneros disponibles: terror, comedia, erotismo, ciencia ficción, etc. Pues bien, el caso es que no estaba muy seguro de qué traje iba a escoger. Dudaba entre vestirme de Batman o de magdalena picante. Finalmente, cómo no, escogí la magdalena.

La hora del festejo se aproximaba en aquella casa rústica de estilo rudimentario. El lugar, aunque advertía estar un tanto descuidado, desprendía un encanto indescriptible, propio de una novela con ambiente sereno y apacible. Una enorme chimenea, rodeada de fotos de Belén Esteban, adornaba la estancia.

Y, tras veinte minutos de espera y dos cervezas, aparecieron los dos primeros fiesteros de la noche: Carlos y Ludovico. Ambos se acercaron a mí con la intención de presentarse.

—Hola, ¿qué tal? Yo soy Carlos y este es Ludovico.

—Carlos, te he dicho un millón de veces que no es necesario que hables por mí. Yo sé hacerlo solo, no es tan complicado —dijo Ludovico con cierta expresión de cansancio.

—¡Hola! Mucho gusto. Yo soy Salvador.

—De acuerdo, Salva. Una pregunta: ¿de qué se supone que vas vestido? —preguntó Carlos.

—Coño, pues ¿no lo ves? De magdalena pican… te.

—No me lo puedo creer, ¿has venido a una fiesta de disfraces y te has olvidado del traje? —preguntó Ludovico mientras sostenía su cabeza con incredulidad.

—¡Ja, ja, ja! ¡Hay que ser pringao! —exclamó Carlos mientras sufría un repentino e intenso ataque de risa.

—¡Joder!, no os riais, que no tiene ni puñetera gracia… Ahora voy a tener que regresar a casa.

Avergonzado, me disponía a abandonar el lugar, cuando de repente una hermosa chica de pelo rubio y con la vestimenta de Jaina, de *Star wars*, se acercó a mí rápidamente mirándome de arriba abajo. Todo ello para, más adelante, taparse la boca con cierta expresión risueña.

—Te has dejado el traje en casa, ¿verdad?

—No, voy disfrazado de fantasma, ¿no lo ves?

—¡Ja, ja, ja! ¿Eres así de chistoso siempre o es que hoy has comido payasos fritos?

—*Fifty fifty.*

—¡Ja, ja, ja! ¿Sabes? Me caes bien. ¿Qué te parece si tomamos algo?

—¡Ah!, perfecto, me encantaría. Y así de paso probamos ese robot de cocina que te has traído…

—¡Ja, ja, ja! Esto no es un robot de cocina: ¡es R2-D2!

—¿Y eso qué es?

—¡¿No sabes quién es R2-D2?! Es un droide astromecánico, contraparte de C-3PO. Le salvó la vida a la reina Padmé Amidala y…

—Espera, espera… ¿Desde cuándo hay un robot en *Star wars*?

—Tú, ¿qué vives? ¿En una cueva?

—No. Vivo aquí, en Murcia. Pero, vamos, que mucha diferencia tampoco hay.

—Pues me has dejado muerta. Mira que no saber quién es R2-D2…

—Yo no soy tan friki como tú, lo siento.

—¡Ja, ja, ja! No pasa nada.

—Por cierto, no me has dicho tu nombre.

—¡Ah, sí! Perdona mi falta de educación. Me llamo Marta, aunque mis amigos me llaman Cheetos.

—¿Cheetos?

—Sí, igual que los *snacks*.

—¡Ja, ja, ja! Pues, mira, me gusta tu nombre, Cheetos. Es muy original, sí señor.

—Muchas gracias. Por cierto, ¿cómo te llamas tú?

—¡Ja, ja, ja! Yo soy Salvador.

—¿Como Salvador Dalí?

—¡Ja, ja, ja! Sí, más o menos…

Un ruido ensordecedor emana de unos antiguos altavoces:

—¡¡¡Y COOO…MIENZA LA FIESTA!!!

—¡Me cago en la puta, qué susto! —exclamé con el corazón en un puño.

—¡Ja, ja, ja! Todos los años se asusta alguien. Es increíble.

—No me extraña. Si ponen el volumen a toda pastilla…

El jolgorio por fin había comenzado y los invitados se dejaban ver. ¡Era asombrosa la variedad de trajes que había en aquella estancia! Algunos iban de Superman, otros de astronauta-torero… ¡Y algunos incluso de factura de la luz! —Supongo que ese traje pertenecería a la categoría terror—. Las horas pasaban y aquella fiesta se estaba saliendo de control. Varias personas se estaban peleando por el hielo de los cubatas. Al parecer, quedaba muy poco. Y un iluminado decidió usarlo para refrescarse los pies. En resumen: un señor de Logroño se hartó y le dio un billete de vuelo sin regreso a dichos hielos, por la ventana, concretamente. Tanto desorden generaba en mí cierta ansiedad. Había estado en muchísimas fiestas de disfraces, pero ninguna tan caótica como aquella: los vasos volaban, las sillas acababan estampadas contra la chimenea... Y Marta —alias Cheetos— estaba borrachísima. Y cuando digo borrachísima me refiero a borracha nivel «enséñame tu espada láser». No le iba a decir que no, evidentemente. No sin antes comprobar que ella estaba lo suficientemente consciente de lo que iba a hacer.

—¿Estás totalmente segura? No quiero hacer nada de lo que luego te puedas arrepentir.

—¡Que sí, coño! La que se ha emborrachado soy yo. Es responsabilidad mía —aseguró mientras dejaba la copa encima del altavoz.

El ambiente no hacía más que alborotarse, pero yo no podía hacer otra cosa que mirar los dulces labios de Marta. Eran tan bonitos, tan carnosos... Incitaban a la locura.

—Marta...

—Cheetos, llámame Cheetos.

—Eso, Cheetos. Verás, antes de nada, me gustaría saber qué buscas. Si lo que quieres es una relación seria, siento decirte que yo no pienso igual. He sufrido mucho por amor y siento que no estoy preparado para volver a intentarlo. Lo único que quiero hoy en día es simplemente una amistad con derecho. ¿Tú qué piensas?

—¡Joder, cómo te complicas para echar un polvo!

—Vale, vale. Yo solo quería asegurarme de que no querías algo más.

Y, sin más dilación, estampó su boca contra la mía con tal ansia que ni siquiera me permitía respirar. Su lengua se juntó con la mía con tal virulencia que por momentos pareciera que me quisiese absorber. Una vez más un rico cosquilleo recorría mi pecho y mi vientre. Y mi necesidad me obligaba a pronunciar la clásica pregunta:

—¿En tu casa o en la mía?

—De eso nada, monada. Lo hacemos aquí mismo.

—¿Cómo que aquí mismo? ¡Estamos en plena fiesta, hay mucha gente!

—No sé si lo sabías, pero esto es una casa.

—¿Ah, sí? ¡No me digas!

—Y, por lo tanto, tiene varios dormitorios.

—¿Cómo nos vamos a enrollar en una casa en la que hay más de veinte personas que ni conocemos?

—¡Ay, de verdad! Le pones pegas a todo. Si no te quieres acostar conmigo, me lo dices, y punto.

Y la besé. Fue un beso bastante tierno. Tan inesperado para ella, tan fugaz… Pero que despertó en nosotros esa pasión que nos faltaba.

Sin más preámbulos, la agarré de la mano y, como si del fin del mundo se tratase, la llevé apresuradamente a la segunda planta. Mientras, las miradas de los invitados se clavaban sobre nosotros como dos puñales. La puerta de la habitación estaba cerrada, mas no dudamos ni un segundo en abrirla. Todo ello sin importar quién hubiera o hubiese tras ella. Sin embargo, lo que no hubiéramos imaginado en ese momento es que otra juerga se hallaría tras esas paredes. Y no se trataba de un guateque cualquiera…

Varias parejas se encontraban practicando sexo salvaje en aquella estancia. Marta, con su sexi disfraz de Jaina Solo, se dispuso a desnudarme lentamente y a besar mi embravecido cuerpo de arriba abajo.

—¡Ufff! Normalmente te diría que esto me da muy mal rollo y que no deberíamos hacerlo. ¡Oooh! Pero estoy tan caliente que me la suda todo —dije mientras gemía con fogosidad.

Y siguió besando mi tembloroso cuerpo sediento de orgasmos. Mi miembro no aguantaba más, estaba tan erecto que dolía. Le advertí de mi urgencia, y, con total rapidez, bajó mis calzoncillos impregnados de líquido preseminal, para más adelante lamer con entusiasmo mi desesperado pene. El placer era tan inmenso, tan desmedido que cualquier experiencia anterior en mi vida se quedaba pequeña en comparación. No solo era el placer, también era el morbo. Aquella gente que no conocía de nada, parejas jóvenes gozando como nunca y siendo testigos de mi urgente y colosal necesidad de fundirme con Marta como jamás lo he hecho con nadie.

—¡Marta, necesito estallar dentro de ti, por favor!

—¡Pues hazlo ya! No puedo esperar más.

—Espera un momento… ¿Y los condones?

—No hacen falta, llevo un diu.

Y comencé a desnudar su delicado cuerpo hasta llegar a su húmeda y excitada vagina. Me bajé apresuradamente los pantalones e introduje mi miembro. ¡Estaba poseído, el placer se había adueñado de mí! Mi cadera estaba fuera de control y las sacudidas cada vez eran más intensas y salvajes.

—¡Oooh, Dios mío! ¡¡¡SIGUE, POR FAVOR!!! —exclamó Marta entre lágrimas de placer.

Su sudor junto al mío y toda aquella gente compartiendo aquel espectáculo mientras se masturbaban los unos a los otros. ¡Era increíble! Me sentía tan a gusto desahogándome sin tabúes…

—¡Ay Dios! Como sigas así, me voy a mear encima —advirtió Marta dejando caer su sudor sobre la almohada.

—Sí, méate, por favor. Me encantaría que lo hicieras ¡Desahógate sin miedo!

Los minutos pasaban y mi fogosidad no hacía más que aumentar. Las sacudidas cada vez eran más fuertes, y a Marta cada vez le quedaban menos cosas por morder. Una rica sensación de cosquilleo recorría mis genitales. Era el clímax, que se aproximaba una vez más sin piedad alguna. Sentía que me iba, que mi alma se despegaba de mi ser. Comenzaba a temblar, sabía que lo que se venía no se parecía en nada a ningún otro orgasmo que haya experimentado anteriormente.

—¡Prepárate, corazón, que me corro!

—¡¡Y yo me meo!!

—¡AAAH! ¡¡¡AAAH!!! ¡¡OOOH!! ¡¡¡OOOH!!! ¡¡¡OOOH!!! —gritamos ambos.

Un tremendo chorro a presión salió de su vulva, mojando todo a su alrededor. Pero mi pene seguía adentro, sin poder dejar de eyacular. Su vulva no paraba de hacer ruido y de lanzar tremendos chorros. Y yo no podía evitar fascinarme y calentarme aún más.

—¡AAAH! ¡¡AAAH!!…

El clímax concluyó y nuestros cuerpos quedaron agotados. Ella se durmió abrazada a mí en aquella cama de dudosa resistencia. Y yo, producto del cansancio, dirigí mi mirada hacia el techo, totalmente empanado. Sin duda, se trataba de la clásica cara de gilipollas que se te queda después de echar un buen polvo —o de hacerte una gayola—. Lo más raro y curioso es que no recuerdo haberme dormido esa noche. Es muy extraño, pero es así. Fue como si se hubiera hecho de día de repente. En fin, sería el cansancio —y los chupitos—, supongo.

Lo realmente curioso y absurdo vino al día siguiente. Marta y yo nos despertamos algo desorientados en una habitación que apenas reconocíamos. Fue algo muy confuso. Faltaban muebles en el cuarto, estábamos totalmente seguros de ello.

—Cheetos, llámame loco, pero yo juraría que a este lado de la cama había una mesita de noche.

—Y no solo eso: ¿tú no recuerdas que en medio de esa pared había un armario empotrado? A lo mejor es cosa mía…

—No, no es cosa tuya. En este dormitorio faltan muebles.

—¿Qué quieres decir? ¿Que anoche al terminar la fiesta aprovecharon todos para arramblar con to lo vivo?

—Hombre, ¿quién se va a llevar las cosas si no?

—¡Vamos, no me jodas!

—Salgo un momento a ver si aún queda alguien afuera.

No solo no había nadie en toda la casa, sino que, además, se lo habían llevado absolutamente todo. ¡No me lo podía creer! Era como si una colonia de termitas nos hubiera visitado a medianoche. ¿Cómo pueden ponerse todos de acuerdo para arrasar con todo? La televisión, los muebles, las puertas e incluso los azulejos del baño —el váter no se lo llevaron porque estaba muy bien atornillado—. Tan solo quedaron dos armaritos contados, y de milagro.

Pero lo más acojonante de todo es que arrancaron hasta el trozo de la chimenea que tenía pegadas las fotos de Belén Esteban. O sea, ¡cágate, lorito! Y, por supuesto, de la cocina se llevaron todo lo bueno: una caña de lomo ibérico y mojama por un tubo. Eso sí, el chóped se quedó ahí muerto de risa. Aquello tuvo que ser una banda organizada o algo. Si no, no me lo explico.

—¿Y cómo le decimos esto al dueño de la casa? —preguntó Marta echándose las manos a la cabeza.

—Tranquila, de eso me encargo yo, no te preocupes.

En ese momento me dispuse a llamarle.

—¿Sí?

—Hola, Andrés.

—¿Q… qué pasa? ¿No habréis roto algo?

—No, no te preocupes.

—Ah, bueno. —Respiró aliviado—. Entonces, ¿qué ha pasado?

—Verás, Andrés, tengo una buena noticia y otra mala. ¿Cuál quieres que te dé primero?

—¡Coño! Pero ¿qué ha pasado? ¡Me estás asustando!

—Tú responde.

—La buena.

—De acuerdo. La buena es que no hemos roto nada.

—¡Ah, qué alivio! ¿Y la mala?

—Que, al parecer, todos los invitados que asistieron eran de una banda organizada. Han arrasado con todo lo vivo.

—¿¡Cóóómo!?

—Sí, como lo oyes. Yo me enfrenté a ellos, pero eran demasiados. Les iba a hacer el molinillo, pero eso era muerte asegurada y no me la quería jugar…

—Mira, estoy flipando, te lo juro. ¡No vuelvo a montar una fiesta en mi casa ni borracho!

—Bueno, ¿y ahora qué hacemos? ¿Llamamos a la policía?

—Eso no sirve para nada. A los dos días están sueltos otra vez.

—Pues algo tendremos que hacer, tus cosas no van a volver solas.

—Ya se me ocurrirá algo, tú tranquilo. Tengo contactos.

Cuelga el teléfono.

—Conque el molinillo, ¿eh? —preguntó Marta mientras trataba de no descojonarse.

—Hombre, ya que ha pasado una cosa así, por lo menos aprovecho para tirarme un farol, ¿no? ¡Ja, ja, ja!

—Menudo fantasma estás tú hecho…

CAPÍTULO 7:

EL MACABRO, DRAMÁTICO Y DISPARATADO MUNDO DE LOS SUEÑOS

Ofrecer tu casa para una fiesta de disfraces… ¿Qué podría salir mal? La respuesta es todo. Que te rompan algo o te roben no es lo peor que te puede pasar: lo más retorcido y lamentable que te pueden hacer, sin ninguna duda, es que se dejen las luces encendidas a propósito. ¡Coño! Si vas a robar, ¿qué menos que apagarle las luces al muchacho? Digo yo, vamos. Que luego vienen los embargos y las largas colas en Cáritas. En fin, el caso es que habían pasado dos días de aquella desastrosa celebración. Andrés, al enterarse de lo sucedido, comentó algo de unos «contactos» que tiene. No sé muy bien a qué se refería, la verdad. Quizá pertenezca a alguna mafia chunga o qué sé yo, porque decir que tienes «contactos» suena a la típica amenaza de película de Antena 3, esa clásica peli que vería mi madre un domingo por la tarde con una bolsa de gusanitos del Mercadona.

Pues bien, lo de aquella fiesta se me había quedado grabado en la retina, tanto fue así que varios días después soñaría con ella —con la fiesta, no con la retina—. ¡Y todo era muy bizarro! Soñé con diferentes finales alternativos. Y no solo eso, sino que también tuve una serie de sueños locos y sin sentido en los que, fugazmente, resucitaba Ana. Si por algo me he caracterizado durante toda mi vida es, sin duda, por mi capacidad para soñar con situaciones que no tienen ningún fuste. Con decirte, mi queridísimo lector, que una vez soñé que estaba vendiendo vinagre en la autovía un viernes de madrugada… En conclusión, que me enrollo más que una persiana, esa noche fue demasiado tormentosa para mí: hubo pesadillas, sueños bordados de paranoias sin lógica alguna, etc.

La primera imagen que tuve en mi mente nada más entrar en fase REM fue la de Ana. Ella y yo habíamos acudido juntos a la fiesta, y una vez más, cómo no, había olvidado mi disfraz en casa. Ana, no recuerdo bien de qué iba vestida, tan solo sé que estaba guapísima. Asimismo, ella y yo estábamos tomándonos un *gin-tonic*, cuando de un momento a otro comenzaron las idas de olla. ¡Eran doscientas! Doscientas ollas volando por los aires a gran velocidad, buscando estamparse contra cualquier ventana que se interpusiera. El ambiente se notaba muy alborotado y de fondo sonaba la canción *La puta de la cabra*. De pronto, sin ninguna razón, apareció un policía de la nada y se puso una multa a sí mismo —no me preguntéis por qué—. Pero lo más confuso vino cuando el cuerpo de Ana se evaporó, dejando tras de sí una densa nube de polvo. Su copa quedó suspendida en el aire, reflejando en su impecable cristal imágenes un tanto curiosas. Lo primero que pude apreciar fue el escudo del Atlético de Madrid —una vez más, no me preguntéis por qué—. Inmediatamente, dicho escudo comenzó a desarrollar ojos, boca y nariz. Un rostro perfecto y maquiavélico que, sin compasión alguna, se reía de mí. Y no se trataba de una risa cualquiera: era una carcajada tan escalofriante, tan inquietante que me provocaba romper a gritar. Mas no era capaz. Estaba paralizado y el eco de mis aullidos se sentía enmudecido. ¡Era como si estuviera bajo el agua! Traté de patalear todo lo posible hasta que, sin previo aviso, desperté en la oscuridad de la madrugada. Mi cuerpo se encontraba empapado en sudor y mi corazón estaba a punto de salirse del pecho. Miro el reloj; son las tres de la mañana. Un suspiro de alivio sale de mi boca y, tras sentirme un poco más sosegado, procedo a volver a dormir.

Si digo la verdad, tan solo recuerdo una pequeña parte de todos los sueños que tuve. No obstante, hubo uno en concreto que fue especialmente emotivo para mí, el cual te narraré a continuación:

El sueño se basaba una vez más en aquel singular festejo. Marta y yo estábamos a punto de enrollarnos, cuando de golpe y de la nada apareció Ana.

—¿A... Ana? ¡No m... me lo puedo creer! —dije mientras trataba de no trabarme.

—Salva...

—Ana, yo...

—¡Salva, no te rindas!

—¿Có... cómo? Esto... No te entiendo.

—¡¡No te rindas!! ¿Me oyes? Sé que tu anhelo más profundo es el de encontrar a tu media naranja, esa persona que te complemente de una manera especial, que esté ahí tanto en las buenas como en las malas. También sé que ese inmenso deseo te ha podrido por dentro y te ha provocado una horrorosa desazón.

—Agradezco que te preocupes por mí, Ana. Pero, créeme, estoy bien. Me he acostumbrado a vivir así, hace tiempo que ya no necesito a nadie. Total, ¿para qué? ¿Para que me haga sufrir con su indiferencia? ¿Para que me acabe ignorando y haciendo daño? Pues no. ¡¡Ya me cansé de tanta mierda!! —exclamé un tanto alterado.

—Salva, por favor, no seas así. Sé lo que sientes, pero no puedes dejar que esa rabia te coma por dentro. Hay alguien que te está esperando, que está pensando en ti. Y es una mujer encantadora, solo tienes que salir a buscarla. Confía en mí, de verdad. Yo nunca te mentiría.

—No sé, Ana... Me lo pensaré. Sería muy complicado para mí seguir intentándolo como si nada.

—Ya verás como sí. Bueno, pues, una vez dicho eso, me tengo que ir. Por favor, cuídate mucho.

—¡No, Ana, espérate un poco! Necesito preguntarte dos cositas.

—De acuerdo, pero no tardes demasiado.

—Lo primero de todo, me gustaría saber qué tal estás.

—Pues ¿no lo ves? Mejor que nunca, sin duda. ¡Esto de estar muerta es la hostia! No tengo que trabajar ni pagar facturas. Es la excusa perfecta para no hacer absolutamente nada.

—¡Ja, ja, ja! Tú siempre con tu sentido del humor, ¡me encanta!

—¡Ja, ja, ja! Pues si es que es verdad… Oye, ¿qué era lo otro que me querías preguntar?

—¡Ah, sí! ¿Qué hay más allá de la vida?

—Vaya, vaya… Eso no te lo puedo decir, lo siento. Tendrás que experimentarlo por ti mismo cuando llegue tu hora.

—Pero ¡no me dejes así! ¿Por qué no puedes decirlo? ¿Te han hecho firmar un contrato o algo?

—Lo siento mucho, pero hay cosas que escapan al entendimiento del ser humano. Sería inútil tratar de explicarlo. No estás preparado, nadie lo está.

—¡Ana, por favor, necesito saberlo! ¿Ana? ¡¡¡ANAAA!!!

Un tremendo sobresalto me hizo despertar de forma inmediata. Busqué desesperadamente el interruptor de la lamparita y, tras encender la luz, el dulce rostro de Ana permaneció flotando en mi campo de visión durante al menos treinta segundos, como si de una alucinación se tratase. En consecuencia, segundos después rompí a llorar. Pero no era un llanto de tristeza, sino uno de emoción. Ver a Ana en aquel sueño y verla tan feliz, aunque supiera que se trataba de una simple maquinación de mi subconsciente, me hacía sentir dichoso.

Quizás Ana tuviera razón. Tal vez debiera volver a intentarlo. O tal vez no. Lo que sí está claro es que antes de nada necesitaría aprender a mirar al pasado sin resentimiento. Entonces, y solo entonces, estaría totalmente preparado.

CAPÍTULO 8:

AVENTURILLA CLANDESTINA

Viernes, doce y media del mediodía. Me encontraba tranquilamente en mi casa degustando un refrescante granizado de tomate en mi bella terraza cuando Andrés me llamó por teléfono.

¡¡RING, RING!!

—Hola, Salvador.

—¡Hola, Andrés! ¿Qué pasa? ¿Ya has encontrado al responsable del robo?

—Y tanto que lo he encontrado…

—¡Vaya! Pues me alegro mucho, tío. Quien haya sido tiene que pagar por ello, sin duda. Bueno, que no sabemos si el cabecilla fue una sola persona o si, por el contrario, fueron varias.

—¡Anda! Conque te haces el tonto, ¿eh?

—Esto… ¿A qué te refieres con eso? —dije mientras trataba de tragar algo de saliva.

—¿Que a qué me refiero? Mira, chaval, tú eres un jeta y te tengo calado desde el primer día que te vi. Al principio solo tuve meras sospechas de ti, pero ahora lo tengo más que claro.

—Andrés, no me jodas… ¿Me estás queriendo decir que he sido yo el responsable de todo?

—Exacto. ¡Por fin confiesas, cabrón!

—¿Y q… qué te hace pe… pensar que he sido yo?

—¿Ves? Estás tartamudeando. ¡Te acabas de delatar a ti mismo!

—Estoy tartamudeando porque no todos los días me acusan de algo que no he hecho, ¡que te quede claro! Y por cierto, ¿se puede saber qué pruebas tienes?

—Las suficientes como para partirte las putas piernas —dijo susurrando y en tono amenazante.

—¡Ah! Conque esas tenemos, ¿eh? Amenazando por ahí al tuntún...

—De «al tuntún» nada. Tengo pruebas más que suficientes para ir ahora mismo a tu casa y darte una soberana paliza.

—¿Qué soberana paliza ni qué ocho cuartos? Tú estás pidiendo a gritos tragarte los pocos muebles que te han quedado.

—¡Uy, qué valiente eres! ¡A ver si también eres tan valiente para comerme la polla!

—¡¿Qué dices?! Me la vas a comer tú a mí, que estoy más necesitado.

—Aaah, que encima te cachondeas...

—Nooo... ¡Ja, ja, ja! No me cachondeo. ¡Has empezado tú!

—Bueno, pues a ver si eres tan gracioso cuando te meta por la uretra el granizado de tomate que te estás bebiendo.

—¿Y tú... tú cómo sabes que tengo uretra? ¿Estás asumiendo mi género? —le cuestioné con cierto tono burlesco.

—Sí, sí, tú ríete, que ya verás. Te voy a mandar a tres rumanos.

—O sea que no eres lo suficientemente atrevido como para venir tú mismo a explicarme las cosas. Vale, vale, pues nada. ¿Andrés es un gallina? Pues sí, Andrés es un gallina. Pero, bueno, qué le vamos a hacer...

—No, perdona, yo no soy ningún gallina. Lo que pasa es que estamos en Murcia, ¿sabes? Hace cuarenta grados a la sombra.

—¡¡¡CLO, CLO, CLO!!! ¡¡¡CLO, CLO, CLO!!!

—¿Te burlas de mí? ¡Ahora mismo voy a tu puerta y te estampo la rodilla en la córnea, pringao!

—¡No hay huevos!

—¿Que no? ¡Dime dónde vives!

—Ahora mismo te doy mi ubicación por WhatsApp. Pero no te eches atrás, ¿eh?

Sin apenas pensárselo demasiado, Andrés procedió a dirigirse a mi edificio. Todo ello con el fin de agredirme. Llamó repetidamente a mi puerta y, tras abrirla, traté de hacerle entrar en razón. ¿Por qué cojones iba yo a robar nada? No tengo esa maldad. ¡Ni se me hubiera pasado por la cabeza hacer algo así!

—Andrés, por favor, relájate. ¿Tienes alguna prueba de que he sido yo?

—¿Que si tengo alguna prueba?

En ese momento, Andrés saca su teléfono móvil del bolsillo trasero del pantalón y me muestra una imagen un tanto desconcertante.

—¿Me puedes decir qué es esto? —preguntó mientras sostenía su gorra empapada en sudor.

—¡No tengo ni idea! —Dirigí mi mirada hacia él con cierta expresión de circunstancias—. Esto, ¿qué se supone que es?

—Yo tampoco lo sé, era por si tú me lo podías decir. Llevo días intentando averiguarlo, pero, nada, no hay manera. Una ilusión óptica bastante chocante, ¿no crees?

—Sí. Pero ¿no crees que se te olvida algo, fiera?

—¿El qué?

—¡Coño! Pero ¿tú eres tonto? Las putas pruebas de las narices, ¿no? ¡Digo yo! ¿O me has hecho vestirme para ver la foto de una rana que cambia de posición?

—¿Vestirte? Pero ¡si vas en calzones!

—Bueno, cada uno se viste como quiere, ¿no? En fin, da igual. ¿Dónde están las malditas pruebas, eh?

—Eeeh… Verás, pruebas, lo que se dice pruebas en sí como tales, no poseo. —Carraspea a la vez que ensancha el cuello de su vieja camiseta.

—O sea que me has hecho lavar los únicos calzoncillos que me quedaban para recibirte en persona y… ni siquiera tienes argumentos concluyentes. Mira lo que te digo: eres un…

—¡Espera, espera! Por supuesto que tengo, ¿quién te ha dicho que no? El otro día, cuando me viste en persona y me contaste todo con mayor detalle, te tocaste la nariz.

—¡¿Y?! —exclamé furibundo y a punto de estallar.

—¿Cómo que «y»? Pues sucede, amigo mío, que eso en lenguaje no verbal significa que estás mintiendo como un bellaco.

—¡Toma, espérate! Que ahora este tipo se cree Franco Pisso…

—Pues sí, veo los vídeos de YouTube de Franco. Se entera uno de muchas cosas.

—A ver, bonito. Si te los vieras del todo, sabrías perfectamente que el mero hecho de que alguien frote su nariz en una conversación no significa que ese alguien no diga la verdad. Tocarse la napia también es signo de que se está inquieto en ese momento. Tú puedes estar nervioso por cualquier motivo sin necesidad de estar ocultando nada. ¿O no?

Parecía que por fin mis intentos de razonar habían surtido efecto. Él se quedó varios segundos con la mirada perdida y los dedos pulgar e índice apoyados sobre su mentón, pensativo y avergonzado. El momento indicado para terminar de rematarlo. Argumentalmente hablando, claro. No seáis malpensados.

—¡Se te debería caer la cara de vergüenza! Acusando a gente sin tener ni puñetera idea… Me pareces un chulo de mucho cuidado, chaval. Bueno, ¿chaval? Que tienes cincuenta tacos ya, campeón. Y creo yo que ya tendrás pelos en los huevos, ¿me equivoco? Pues eso, que ya somos mayorcitos para ir por ahí jugando al CSI. ¿No tienes *hobbies*? Cómprate un hámster, llévatelo al parque y juega a lanzárselo a todos los perros que te encuentres. Pero ¡deja ya de tocar las pelotas!, ¿ha quedado claro?

—Tienes razón, he sido un idiota. No sé qué me pasa últimamente, pero es que me siento tan solo…

—Que sí, anda. Que no me cuentes tu vida. Ya tengo suficiente con aguantar la mía.

—¿Y a ti qué te ocurre?

—No te importa en absoluto.

—Me lo puedes contar, de verdad. Lo menos que puedo hacer después de todo es escucharte.

—Está bien, entra a mi casa. Cuidado con el escalón.

—¿Salón a doble altura? ¡Ja, ja, ja!

—Gracia ninguna —respondí de forma borde y cortante.

—Joder, cómo se pone el señorito… ¡Un poquito de humor, hombre!

Tras invitarle a pasar y cerrar la puerta, procedí a mostrarle cada habitación de la casa. El desorden y la dejadez se percibían por doquier: ropa tirada por el suelo, cristales rotos que nunca me acordaba de recoger, trozos de *pizza* pegados en el techo… En fin, lo típico que se encuentra uno en una casa española promedio.

—Oye, y ese trozo de *pizza* de ahí, ¿de qué es? —preguntó Andrés con el ceño fruncido.

—¿Ese? De barbacoa, creo.

—Ah.

—¿«Ah» qué?

—Esto… No quiero incomodarte, pero ¿no crees que deberías limpiar un poco? Sé que no soy nadie para decirte lo que tienes que hacer, pero, créeme, no es sano vivir así.

—¿Y qué más da? Ya lo limpiaré.

—Bueno, bueno, como quieras. Es tu casa, no la mía.

Si os soy franco, hoy en día no me siento muy orgulloso de aquel estropicio. Fue muy embarazoso para mí mostrar mi casa de esa manera a un desconocido. Pero esa tarde fue tan melancólica y deprimente para mí que el sentido de la vergüenza huyó por la ventana. Estaba totalmente anestesiado por el hastío y la desesperanza.

—Me gusta tu salón comedor. Creo que es la única sala que no parece haber sido arrasada por un huracán. ¡Ja, ja, ja!

—Sí, sí, ya lo pillo: mi casa está hecha un asco. ¿Y QUÉÉÉ??
—El eco del chillido se deja oír con fuerza en toda la estancia.

—Joder, hijo mío, menudo grito. Tú controlas bien el diafragma, ¿eh? Ahora en serio, sé que he sido un gilipollas, no tendría que haberte acusado de algo así sin saberlo con total certeza. De verdad, lo siento. Ojalá puedas perdonarme.

—Bueno, me lo pensaré. Al fin y al cabo, todos cometemos errores, ¿no?

—Exacto, nadie es perfecto. Por cierto, habíamos quedado en que me contarías tus problemas. Ya sabes, soy todo oídos.

—Pues, nada, que a veces me da la sensación de que mi vida es una mierda, así de simple —confesé al borde de las lágrimas.

—No es que te dé la sensación: es que tu vida es una mierda.

—¿¿Perdona??

—Sí, como lo oyes. Siento decírtelo de una forma tan brusca, pero es la realidad.

—¿Es que tú a mí me conoces tanto como para opinar?

—Por supuesto, más que suficiente. Vamos a ver, ¿con cuántas mujeres te has acostado recientemente.

—Hombre, yo creo que eso no es asunto tuyo —repliqué de forma intransigente.

—Me lo puedes decir. Esta conversación no saldrá de aquí, te lo prometo.

—Solo con una, en la fiesta.

—¡No está mal! Lo importante es la intención, tener el chip del sexo activado en tu cabeza. ¿Captas lo que te quiero decir?

—Pues no mucho, la verdad.

—Que tienes que ser como un depredador en la selva. Si no buscas a la hembra fértil, te extingues. Y no hay nada menos sexi que un macho extinto, eso corta el rollo a cualquier moza. ¿Me explico?

—Ahora te entiendo mejor, pero esa es la teoría. La práctica no es tan sencilla.

—Mira, como diríais los jóvenes de hoy en día, «no te rayes». No te obsesiones, porque eso las mujeres lo notan. Y, si te notan desesperado, entonces es cuando no quieren nada contigo. Sé que esa frase suena a topicazo, pero es muy real. Si de verdad este tema te tiene en vilo todas las noches, creo que lo mejor que puedes hacer es escribirlo. Escribir lo que sientes es una muy buena forma de expresar tus frustraciones e inquietudes.

—¿Y qué te crees que hago? Estoy haciendo hasta un libro y todo. ¡Ja, ja, ja!

—¡Ja, ja, ja! ¿En serio?

—Totalmente. De hecho, en este mismo instante nuestra conversación está quedando plasmada en dicho relato.

—¡Anda! —exclamó sorprendido—. ¡¿Vas a meter esta conversación también?!

—Exacto.

—¿Y de qué trata la historia, si se puede saber?

—En resumidas cuentas, es un libro guarro. Pero tiene partes donde aprovecho bastante para desahogar mis penas. En fin, una mezcla bastante curiosa y bizarra. Ya lo leerás cuando salga a la venta.

—Pero quitarás las partes de esta conversación que se hagan más tediosas, ¿verdad? —añadió mientras soltaba una pequeña carcajada.

—Bueno, ya veré lo que hago. También tendré que meter algo de relleno, ¿no? Por ejemplo, esto que estoy diciendo ahora mismo es relleno, pero relleno total. Palabras usadas forzosamente para alargar sutilmente un capítulo y así lograr que el librito sea un pelín más grueso.

—Ahí, ahí. Tú sí que sabes, campeón. Eso sí, espero que no pongas mi nombre original en lo que escribas.

—Descuida, tu identidad está protegida.

—Perfecto, porque me gustaría llevarte a un sitio.

—¿Qué sitio?

—Verás, creo que te debo una por lo que te he hecho. Es mi forma de pedirte disculpas.

—¿A qué te refieres?

—¿Tú has estado alguna vez en una casa de alterne?

—¿Casa de alterne? Pues no, la verdad. Me hubiera gustado ir, sinceramente. Siempre he sentido algo de curiosidad.

—Perfecto, pues yo estoy dispuesto a llevarte a una. Es más, yo invito.

—¿Có... cómo? ¿En... en serio?

—En serio, es mi manera de decirte que lo siento.

No era capaz de creer lo que estaba a punto de hacer. ¡Era la primera vez en mi vida que iba a visitar un prostíbulo! Estaba muy nervioso, las piernas me temblaban. La adrenalina se transformaba en escalofríos a través de mi piel. ¡No podía esperar más! Así que me puse mi mejor ropa: unos pantalones oscuros y una camisa con estampado de flores. Y nos dispusimos a montar en su impecable y lleno de glamour Mercedes Clase E. El local se encontraba en un área perdida de la mano de Dios, junto a una cochambrosa carretera llena de baches que hacían tiritar incluso a la más dura carrocería. Andrés condujo aproximadamente veinte minutos sin apenas dirigirme la palabra. ¡Me sentía tan paranoico! Cada vez que pasábamos por cualquier calle en la que pudiese haber gente, mi acto reflejo era agachar la cabeza. ¿Para qué? Para evitar posibles miradas indiscretas, ni más ni menos. ¿Quién sabe? Quizá alguien me reconociera y viera el vehículo estacionarse en el aparcamiento del burdel. Es una tontería, lo sé, teniendo en cuenta que vivo en una ciudad, y no en un pueblo. Pero, como decía mi tío, «Más vale prevenir que lamentar», pues estaba muy cerca de hacer una de las cosas más odiadas y repudiadas por la sociedad española. Fue un viaje bastante incómodo. Andrés se veía muy serio mientras manejaba, y yo estaba más tenso que Eduardo Manostijeras poniéndose un profiláctico. Asimismo, durante el trayecto, varias preguntas rondaban por mi mente: ¿y si me iban a secuestrar?, ¿y si todo era un engaño para darme una paliza en un descampado? Ya sabéis, típicas dudas que a uno le surgen cuando se encuentra viajando con un individuo con pintas de mafiosete. Pero no, no sucedió absolutamente nada de eso.

¡Por fin habíamos arribado! Tocamos a la puerta y, tras esperar pacientemente más de un minuto, un sujeto con sombrero y corbata nos recibió muy afectuosamente en la entrada.

—¡¡Hola, holita!! Yo me llamo Albertito y estoy encantado de recibiros. Me gustaría haceros un *tour* chupiguay, ¡hay muchas cosillas que enseñar! —garantizó mientras sostenía lo que parecía ser una gran piruleta con forma de pene.

—Alberto, ¡menudo cipote! —exclamé.

—¡Oh!, gracias. Aunque, bueno, hoy me he puesto un pantaloncito más apretado. No es tan colosal como parece…

—¡No! ¡Ja, ja, ja! Me refiero al caramelo que tienes en la mano —respondí mientras trataba de no descuajaringarme de la risa.

—¡¡Ah, vale!! Empezaba a pensar que me estabas tirando los trastos… Bueno, vamos a lo que vamos. Voy a ser vuestro guía, ¿os parece bien?

—Desde luego. Es la primera vez que viene el chavalín —confesó Andrés.

—Perfecto. En ese caso, ¡seguidme!

Alberto, con gran regocijo, nos instó a pasar y reveló cada parte del lugar.

—¡Y este es el cuarto oscuro! —procede a accionar el interruptor de la luz.

—¿Un cuarto oscuro con luz? ¿No es un poco absurdo? —cuestioné.

—Sí, ¿qué pasa? Es una nueva medida contra los abusos.

—Lo que tú digas… Pero a mí no me interesa eso, soy heterosexual —añadió Andrés.

—¡Ay!, perdón. Os dejo solos para que vayáis a la barra y eso… Si necesitáis algo, me podréis encontrar en el sótano. ¡Un gusto conoceros! —Se marcha.

—¡Hay que ver, qué tío más pesado! —exclamé mientras exhalaba en señal de alivio.

Eran casi las doce y media de la noche. Andrés y yo estábamos muy cerca de terminar nuestras bebidas, cuando una agradable mujer morena se acercó lentamente a la barra y, tras pedir un trago, dirigió su mirada hacia mí.

—¡Qué lindo muchacho! Tú tienes pinta de aguantar mucho en la cama, ¿ah? —presumió mientras mordía sus labios llenos de lujuria.

—Duro varias horas seguidas, nena —afirmé con un tono de voz forzosamente grave.

—¿¿En serio?? —preguntó incrédula.

—Durmiendo sí.

—¡Ja, ja, ja! ¡Vaya!, salió chistosito el niño… ¿Qué edad tienes, ah?

—Tengo veintiuno, ¿y tú?

—Yo treinta y cinco, bonito. Y hoy vas a descubrir lo que es hacer el amor con una mujer de verdad —garantizó mientras se acercaba tiernamente a mi boca.

Sentir su aliento contra el mío no hacía más que aumentar mi ansia por momentos. Sus labios, delicadas obras de arte, tiernos monumentos. Oda al erotismo: eso eran. Cuando se aproximaban a mí, lo único en lo que pude pensar fue en todos aquellos amores, verdaderos amores, que he ido enterrando en lo más profundo de mi recuerdo. Algunos olvidados, otros a flor de piel. Camuflados y adormecidos por amores falsos cubiertos de purpurina. De efímera belleza y afilada realidad. ¿Es triste? Sí. Pero ¿qué iba a hacer? ¿Lamentarme y ver la vida pasar? No, no podía permitir algo así.

Aquella mujer —de cuyo nombre tardé en enterarme— y yo ya estábamos en el cuarto, una habitación acogedora y con unas paredes color rojo pasión. El aroma en dicha estancia era muy agradable. Si tuviera que definirlo de alguna manera, diría que se asemejaba mucho a una fragancia con olor a rosas. Era tan intensa, tan embriagadora que aumentaba por momentos mi deseo. Una vez en la cama, procedí a desnudarla sin piedad. Comencé con unas tiernas caricias a su excitada vagina, para más adelante masturbarla fogosamente. Sus labios se fundían con los míos. Sus gemidos se fusionaban con los míos. Un perfecto ejemplo de sincronía. Mi miembro se encontraba tan pero tan erecto que dolía. Y aquel pantalón estrecho no ayudaba demasiado.

—¡No puedo más! ¡Necesito meterla ya!

—¡Hazlo y córrete, cariño! Quiero ver cómo explotas dentro de mí.

—¿Seguro?

—Seguro. Llevo un diu.

¡¡RING, RING!! Suena el teléfono.

—Andrés, ¿qué coño quieres? ¡¡Me has pillado en el acto!!

—Salvador, sal de ahí sin levantar sospecha. ¡Es una emergencia!

—Pues ¿¿qué pasa??

—Ahora te lo digo. Tú haz como si te dijera que tu abuela está en el hospital.

—¿Cómo? ¿Que mi abuela está en el hospital? ¿Un resbalón en la bañera? ¡Mira que le dije que pusiese los pececitos antideslizantes! Pues, nada, ella a lo suyo.

—¿Qué pasa? —preguntó la chica mientras buscaba su ropa interior.

—Mi abuela, que está en el hospital. Se ha bañado en la resbaladera —dije un tanto nervioso.

—¿¿Bañado en la resbaladera??

—¡Uy!, perdona. Resbalado en la bañera.

—Pero ¿está bien?

—¿Quién?

—¿Quién va a ser? Tu abuela.

—Hombre, ¿tú qué crees? Si está en el hospital será por algo, ¿no? El caso es que me tengo que ir corriendo. Ha sido un placer.

—Joder… Mira que me fastidia que me dejen a medias… Pero, bueno, lo siento mucho. ¡Que se mejore pronto!

Tras unos segundos frenéticos salgo de la habitación en busca de Andrés.

—Andrés, ¿qué mierda quieres? ¡Me has interrumpido el polvo del siglo! Te has gastado sesenta euros para nada.

—¿Solo sesenta? Pues resulta que los cubatas están a veinte euros cada uno. ¡Y yo me he cascado siete! O sea, calcula. ¡Ciento cuarenta euros! Sin contar con los dos que te has bebido tú. El caso es que no me llega la pasta…

—¡Vamos, no me jodas! ¿Me quieres decir qué hacemos ahora?

—Pues no sé. Yo voy a ir buscando alguna salida de emergencia o algo.

—Ah, cojonudo. ¿Ese es el ejemplo que le das a un chaval de veintiún años?

—Perdona, veintiuno para veintidós.

—Mira, da igual. ¡No voy a volver a salir contigo a ningún sitio!

—Habla más flojo, que nos están mirando —susurró Andrés.

—Pero ¿se puede saber por qué cojones no preguntas los precios antes de pedir? ¿En qué mundo vives? Por gente como tú, el champú viene con instrucciones.

—Salva, por favor, relájate. Se me ha ocurrido un plan.

—A ver, ¿qué plan?

—Voy a hacer saltar la alarma de incendios.

—Aquí no hay de eso. Fíjate, la gente está fumando como si nada.

—A ver, es que si vas al detalle…

—¿Sabes qué? Que te den. ¡¡¡A ALGUIEN SE LE HA CAÍDO UN GRAMO DE COCA EN EL CUARTO DE BAÑO!!! ¡¡EL PRIMERO QUE LO ENCUENTRE SE LO QUEDA!! —exclamé.

En ese mismo instante todo aquel que se encontraba en la barra, incluido el camarero, se fue directamente al cuarto de baño como si de una estampida de rinocerontes se tratase. Andrés y yo aprovechamos el ansia viva de aquella muchedumbre para escabullirnos a hurtadillas y por la puerta trasera. Sinceramente, no recuerdo haber tenido una experiencia tan surrealista y peligrosa como esa en mi vida.

CAPÍTULO 9:

ÉRASE UN GRANO EN EL CULO

¡¡RING, RING!! Suena el teléfono.

—¿Sí?

—Hola, soy Andrés. Quería pedirte disculpas por lo de anoche. Te metí en un aprieto totalmente innecesario. No volverá a suceder, lo prometo.

—Exactamente, no volverá a pasar, tú bien lo has dicho. Pero no por nada, sino porque no voy a volver a salir contigo jamás. ¡Eres un irresponsable, casi no salimos vivos de ahí!

—Bueno, pero al final todo ha salido a pedir de boca, ¿no? Eso es lo importante.

—¿A pedir de boca? Te recuerdo que me interrumpiste un polvazo. ¿Tú sabes la paranoia que le tuve que soltar a la mujer por tu culpa? Le tuve que mentir, y eso no me gusta nada. Me pongo muy nervioso y se me nota…

—Tranquilízate, Rafa.

—¡Salva! ¡Me llamo Salva!

—Eso, Salva. Mira, yo te prometo que para la próxima vas a echar el casquete de tu vida. Hay un bombón de licor en el Club 69 que te cog…

—Mira, paso. De verdad, no tengo nada en contra de ti. Pero, por favor, déjame, necesito estar solo.

—Bueno, como quieras. ¡Ah!, por cierto, esta mañana me ha llamado una chica preguntando por ti.

—¿No será la teleoperadora de Vodafone? Sea lo que sea, dile que no me interesa.

—No, es una tal Dora.

—¿Dora? Pero ¿cómo tiene tu número? De verdad, esta chavala es una obsesa total.

—Ni idea, solo sé que me ha dicho que la has tratado fatal y que se merece una disculpa. No sé si será verdad o no. Yo ahí no me meto. Pero, en resumen, quiere hablar contigo.

—Pues dile que hay lista de espera de sesenta años.

—¿No quieres hablar con ella?

—¿A ti qué te parece? Está como una puta cabra.

—Chaval, te voy a decir una cosa: en tiempos de guerra, todo agujero es trinchera.

Silencio incómodo.

—Vamos a ver, Andrés de mi corazón, que esa chica está muy mal, pero que muy mal. ¿Tú sabes lo que hizo el primer día que la conocí? Le mordió el dedo gordo del pie a mi sobrino de siete años ¡porque decía que le debía dinero! Mira que yo no soy el más indicado para juzgar a la gente por su locura, pero es que esa chica es un caso aparte.

—¡Ja, ja, ja! Un poquito rara sí que es. Pero, bueno, a ver, nadie es perfecto.

—¡Que nadie es perfecto, dice!

—Bueno, tú haz lo que quieras. Eso sí, piénsatelo, porque he visto una foto suya y… ¡ojito, que está como un queso!

Cuelgo el teléfono.

Menudo hartazgo, Dora había vuelto a la carga. Y lo hacía ni más ni menos que de la mano de una de sus famosas neuras: ¡que le tenía que pedir perdón, dice! ¿Y ella a mí qué? ¡Que me quitó la poca paz mental que me quedaba! Cinco segundos de placer a cambio de un ataque de nervios. No merecía la pena, aunque en el fondo una parte de mí quisiera tirarlo todo por la borda y morder una vez más el anzuelo. Había perdido parte de mi cordura, lo sé. Pero aún me quedaba un poco. Y ese poco no iba a permitir que volviera a lo mismo de siempre, esta vez no. Ya era hora de dejar de arrastrarme por un poquito de cariño falso y buscar mi amor propio verdadero, ese que había estado descuidando durante tanto tiempo, ese del que me he privado en tantas ocasiones. En fin, que me vuelvo a enrollar como una persiana. El caso es que yo me encontraba, en la terraza de mi cafetería preferida, disfrutando de mi vaso de vinagre de por la tarde, cuando de repente, de forma casual, me la encontré.

—¡Hola, Salva! —saludó de manera entrañable.

—¡Dora, me cago en mi puta vida! ¿Qué coño haces tú aquí? ¿Acaso me sigues?

—¿¿Yo?? Para nada… —replicó con un tono un tanto irónico.

—¡Que no te voy a pedir perdón, pesada!

—Tranquilo, no he venido por eso. —Hizo una breve pausa y continuó—: ¿Sabes? He cambiado mucho, ya no soy la misma chica de antes.

—¡Ostras, no me asustes! ¡¿No me digas que ahora estás peor de la cabeza?!

—Al contrario: he cambiado a mejor. Me lo noto.

—¡Ja! Arroz y pipas.

—¿No quieres que te lo demuestre?

—Demuéstralo y vete, anda. Que me tienes contento.

—Pues bien, ¿te acuerdas de esa tal Reyes?

—¿Qué pasa? ¿No te la habrás cargado, psicópata?

—¡Hala! ¿Por quién me tomas? ¡No, hombre, no! Resulta que me la he encontrado en el centro comercial y la he traído conmigo.

Me costaba creer lo que oían mis oídos. La chica de la mayonesa en el tobillo traía consigo a Reyes. Mi mente no hacía más que generar cortocircuitos. ¿Por qué una chica como Dora, tan celosa y tóxica, ¿querría reencontrarme con aquella mujer? No podía comprenderlo. Y lo que es más importante: ¿para qué puñetas iba a querer yo volver a ver a esa fulana? Me había engañado haciéndome creer que quería algo conmigo, cuando en realidad lo único que hacía era provocarme con sus malditos movimientos de perreo y sus indirectas sexuales. Mas, cuando se acercaba la hora de la verdad, si te he visto ni me acuerdo. Estaba claro que no me sentía muy dispuesto a volver a estrechar lazos con ella. Pero aun así esa fue una de las situaciones que no terminaron como yo planeaba. Reyes entró a la cafetería con una sonrisa de oreja a oreja y tras saludarme se sentó al lado de Dora. Fue una charla un tanto incómoda: ella no paraba de hablarme de los beneficios que tenían las VPN, mientras que yo no paraba de pensar en ser directo y cantarle las cuarenta. Sin embargo, no lo hice, no sé muy bien por qué.

Pasaron varias horas y, tras una conversación un tanto densa —en la cual no profundizaré por pereza—, me guiñó un ojo y se fue al baño —se fue al baño ella, no el ojo—. Sin tener muy claro el porqué, me fui detrás de la susodicha rezando para que aquello fuera una señal de cortejo, y no un tic nervioso. Llegué rápidamente a la puerta del lavabo y, tras percatarse de que yo estaba ahí, agarró mis oxidados genitales y me empujó con violencia al servicio de caballeros. Cerró con pestillo, bajó velozmente mis pantalones y, como si lo fueran a prohibir, absorbió mi estresado miembro. Su tierna y húmeda lengua se perdía por mi pene hasta llegar tímidamente al glande. Y otra vez ese cosquilleo se apoderaba de mí. El placer era tan inmenso… Los gemidos, incontenibles. Era como si toda la energía del universo se concentrase exclusivamente en mi cerebro. El ritmo aumentaba por momentos, su boca no hacía más que gritar en silencio.

—Quiero que te corras en mi boca… —susurró Reyes con una cálida sonrisa.

—¿Es… estás segura?

—Claro que sí, cariño. Si lo estás deseando… No te contengas más, suéltalo. No es bueno que te lo aguantes.

Era más que evidente que las caricias de aquella sinhueso juguetona no iban a propiciar otra cosa que el más grande de todos mis clímax. Minuto tras minuto, se iba acercando. Mis piernas temblaban, mis dedos se agarraban al lavamanos en busca de piedad. Mi boca se desgarraba de gozo.

—¡Oooh! ¡Oooh Dios! ¡¡No puedo más!!

—¡Eso es, échalo todo! No te avergüences.

—¡AAAH, AAAH! ¡¡¡OOOH!!! ¡¡OOOH!! ¡¡¡OOOH!!!

Y culminé. Y lo hice alrededor de sus labios color carmesí, dentro de su boca y en diversas zonas de su cara. Reyes, tras verme agotado, agarró un trozo de papel y me ayudó a limpiarme. Fue sin duda uno de los gestos más bonitos que jamás haya podido tener una mujer conmigo. Me sentí muy valorado, fue algo muy tierno. A cambio, le ayudé a limpiarse el semen de la cara y, tras un intenso enjuague, salimos de aquel inhóspito cuarto de baño. Nada más abrir la puerta, ¡sorpresa!, había un señor de unos cuarenta y muchos años con cara de haber aprendido matemáticas.

—¡Bravo, bravo! —exclamó mientras aplaudía enérgicamente—. Los preliminares un poco flojitos, pero ¡el resto ha sido de diez!

No me podía creer lo que estaba oyendo. Ese señor impertinente había estado poniendo la oreja en la puerta. ¡Menudo maleducado! Pero no os creáis que me quedé petrificado y sin nada que decirle, no. Le respondí y lo hice de la manera que, pienso yo, fue la mejor:

—Gracias, señor. De alguna manera tenía que entrenar para complacer a su hija.

En resumen: aquel hombre por poco llama a la policía. Y, lo que es más gracioso, dicho sujeto, llamado Nemesio Contreras, resultó ser el padre de Dora. Sí señor, ¿cómo te quedas? La muy loca llamó a su padre para que se pusiese en la puerta del baño y nos espiara. Un perfecto ejemplo de la típica frase «de tal palo, tal astilla».

No sé qué pretendía esa loca de los peines. Y, la verdad, prefiero ni saberlo. Esa chica nunca se trajo nada bueno entre manos.

A la mañana siguiente

¡RING, RING!
—¿Sí?
—No.
—Dora, por Dios, un poquito de dignidad. ¡Es la quinta llamada que me haces esta mañana! Te he bloqueado ya varias veces y tú no haces más que cambiarte de número.

Tras varios largos segundos una voz masculina y profunda corta el silencio:
—Hola, soy Nemesio, el padre de Dora.
—¡Nemesio, anda y que te folle una manada de jabalíes en celo!
—Que sepas que le estás causando graves trastornos a mi hija —aseguró en un tono de voz amenazante.
—¡Sí, claro! Y la reina de Inglaterra en realidad se llamaba Manoli, nació en Albacete y se fumaba cada porro que tenían que llamar a los bomberos para apagarlo, ¿no te jode?
—¿No me crees? ¡Mira la mancha que le ha salido en el tobillo por tu culpa! Eso es de los disgustos que le das.
—Nemesio, ese lamparón lleva en su tobillo desde que Machín cantaba *Angelitos negros*. Además, es salsa, para tu información.
—¿Qué dices? ¡¡Cómo va a ser salsa?! Tú me estás vacilando, payaso.
—Mira, Nemesio, su hija es un grano en el culo. Desde el primer día que la conocí no ha hecho más que complicarme la existencia. Así que hágame el favor y no me toque más los cojones, que usted no sabe ni la mitad de la historia.

—Esto no va a quedar así, solo te digo eso.

Cuelga el teléfono.

Lo que me faltaba, ahora tenía a dos tarados por el precio de uno. Siempre me había costado trabajo aguantar a esa muchacha ya de por sí. Pues bien, ahora imagínate aguantar también a míster simpatía. Desde ese momento me quedó más que clara una cosa: el día menos pensado me acababa tirando por la ventana. No sin antes seguir el consejo que me dio mi tío antes de que se le fuera la pinza: «Chaval, si alguna vez te tiras por la ventana, acuérdate de abrirla primero, que a nadie le gusta atravesar cristales antes de morir». Era un grande... Bueno, y lo sigue siendo, claro, todavía no ha muerto. Pero, eso sí, como diría mi madre: «Está más p'allá que p'acá». Nunca hemos sabido realmente lo que le sucede. Estaba perfectamente hasta que un día, sin previo aviso, se le cayó la mermelada de cebolla al suelo. Desde aquel entonces nunca ha vuelto a ser el mismo. Empezó con cositas muy simples y sin importancia, como hablar con el secador de pelo. ¡Llegó a ponerle hasta peluca! Nunca lo entendí demasiado bien, la verdad. Pero, en fin, era feliz, así que trataba de no meterme en sus asuntos. Sin embargo, la liada más gorda la hizo un 23 de septiembre del año 2015, nunca se me olvidará. Eran las seis de la tarde, una hora menos en Canarias. Mi tío Pepe salió a comprar una motosierra para hacer sus trabajos en el campo. Una vez pagada, se dispuso a probarla... ¡ni más ni menos que en plena calle! Tan solo imagínate a una persona con una motosierra encendida al aire libre y corriendo detrás de la gente para preguntar cómo se apaga. Ya supondrás, mi querido lector, lo que sucedió. Acabó en chirona, como era de suponer. En fin, tampoco quiero marearte contándote la vida de mi tío. Hay cosas mucho más importantes para escribir. Por ejemplo, tras todo lo acontecido en aquella cafetería, Reyes no volvió a dirigirme la palabra. Era como si ya no existiera para ella. Y no pienses que no la llamé; todo lo contrario: traté por todos los medios de ponerme en contacto con ella. Solo quería hablar de lo ocurrido entre nosotros, mas ella no hacía más que ignorar mis llamadas y mensajes. ¿Sabes una cosa? Que le den mucho por culo. Una menos…

CAPÍTULO 10:

UNA BODA, UN VENTILADOR SIN ASPAS Y UN VIAJE SIN RETORNO

Te mentiría si dijese que no tengo mucho que contar. Han pasado tantas cosas… En primer lugar, mi nuevo trabajo de vendedor ambulante de parches de nicotina me ha permitido apuntarme a una escuela de arte dramático, ¡y de las caras! Mi sueño desde niño siempre ha sido el de ser actor. Y por fin, después de tanto tiempo, he podido entrar en una escuela. ¿Podré dedicarme a la actuación? Por supuestísimo que no. Es un mundo muy saturado en el que rara vez se entra. Eso lo tengo más que asimilado. El simple hecho de poder aprender a interpretar personajes ya es más que suficiente para mí. Un *hobby*, una pasión. Algo con lo que entretenerme en los días más amargos. Y no solo eso, también es la excusa perfecta para conocer gente nueva. ¿Y qué crees que pasó? Exacto, conocí gente nueva. Mario era el profesor, un hombre muy *hippie* que siempre se presentaba a las clases con las bragas de su difunta esposa en la mano izquierda. Un poco rarete, pero buena gente. Luego está Carlos, el chico más normal de toda la clase. De hecho, le apodaban el Normal. Nunca tenía nada que contar y su historia más emocionante era la de aquella vez que se pilló el dedo con una pinza de la ropa. Probablemente, la persona más cuerda de toda esta novela. En el siguiente lugar se encuentra Lola, una chica de veinte años fanática de BTS. Se sabe todas las canciones del grupo al derecho y al revés. Una auténtica máquina de memorizar cosas inútiles. Y, en cuanto a los demás compañeros, digamos que no son demasiado relevantes para mí. Se pasan el día entero hablando de ese estúpido juego de cartas denominado Magic. Menudos *cansalmas*. Que si «yo tengo más poder que tú», que si «el hechizo número veinte invoca a las criaturas de tipo planta»... ¡Bah! Qué cosa más cansina, daban ganas de darles un mordisquito en el omoplato a cada uno. En fin, no hablemos más de eso. Pasemos a lo verdaderamente sustancial. Era mi primer día en dicha escuela y estaba muy nervioso. Entré por la puerta —ya que la ventana estaba cerrada—, me ajusté el cinturón del pantalón y me presenté:

—Hola, buenas. Me llamo Salvador Raya, tengo veintiún años... y soy alcohólico.

—¡Te queremos, Salva! ¡Nosotros también somos alcohólicos! —exclamaron todos al unísono, excepto Carlos.

—Madre mía, ¿qué clase de secta es esta?

—La secta de la braga caliente la llamamos —contestó Mario, el profesor.

Una vez finalizada la clase, mis compañeros y yo decidimos ir a un local bizarro ubicado en un anodino callejón oscuro. Se trataba de una taberna regentada por un varón de espesa barba, cuyo nombre leerás más adelante. Rey de la mugre y príncipe de los cuñaos. Un bar de los de antes, un bar como Dios manda. Nada más entrar te encontrabas al típico energúmeno mononeuronal, ese que siempre te daba la brasa con la característica frase de «si Franco levantara la cabeza, no habría tanto maricón suelto». Al principio siempre da pena encontrarse a gente así, pero, si os soy sincero, yo con el tiempo les cojo cariño. ¿Qué sería de los bares sin esa persona que te hace sentir un Albert Einstein en potencia? Efectivamente, nada. Se irían todos a la quiebra. Bueno, vayamos a lo relevante. Estábamos a punto de entrar a aquella cantina con un letrero cochambroso y oxidado, en el cual ponía el nombre «Café Bar Los Padres de Dora».

—Un momento... ¡¿Cómo que Los Padres de Dora! Pero ¡¿qué clase de broma enferma es esta!? —exclamé mientras me frotaba la frente en señal de disgusto.

—Salva, ¿te encuentras bien? Te ha cambiado la cara en cuanto has leído el rótulo, te has puesto hasta pálido —aseguró Carlos.

—Esto... Sí, sí. Verás, es una historia un poco larga. Ya te la contaré en otra ocasión. Por el momento, solo quiero tomar algo y relajarme, porque menudo día...

¡Me explotaba la puta cabeza! ¿Acaso los padres de Dora tenían un bar? ¡Vamos, no me jodas! Ya era lo que me faltaba. Allá donde iba su maldición me perseguía como una ladilla que se pega al vello púbico. No obstante, si tenía clara una cosa es que no iba a permitir que aquello me arruinase la tarde. Así que fui a la barra y, tras percatarme de que era Nemesio el que se encontraba detrás de ella, pedí mi mejor trago:

—Hola, buenas tardes. Un wiskito cortito.

—Vaya, vaya, vaya... ¿A quién tenemos por aquí? Pero si es Salvador... ¡y viene con su grupito de amigos fracasados! Anda, chico, hazme el favor de no peinarte así, que parece que te has escapado del zoológico.

—Nemesio, hazme el favor de no hablar solo cuando estés delante de un espejo, que luego la gente se piensa que estás majara... Que lo estás, pero es mejor que nadie se dé cuenta, hazme caso.

—¡Ja, ja, ja! Mira, chaval, más te vale que te cases con mi hija o te arrepentirás de haber nacido, ¿te ha quedado claro?

—¿¡CÓÓÓMO!? —exclamé absolutamente incrédulo.

—Mi hija era virgen, y tú la has desflorado. El que abre el regalo se lo queda. ¡No se admiten devoluciones!

—¿Estás comparando a tu hija con un objeto? Ya veo cuánto la quieres, ya.

—Al revés: eres tú el que la trata como si fuera una piltrafa.

—¿Que yo la trato mal? ¿Y ella a mí qué? Tú no sabes de la misa la mitad.

En ese instante Nemesio guardó varios segundos de silencio. Se ajustó el botón de la camisa y, tras generar un ambiente de suspense, en un tono aparentemente más calmado, replicó:

—No importa, has tenido relaciones con mi hija, así que te tienes que casar. Si te gusta, bien, y, si no, también.

—Y si no lo hago, ¿qué coño pasa?

—Vamos a hacer una cosa, chico: tú contraes matrimonio con Dora, y yo, a cambio, no te denuncio por abusar de ella.

No lo podía creer. Esa maldita rata de dos patas me estaba chantajeando de la forma más vil y rastrera.

—Bueno, no es suficiente motivo para mí —repliqué.

—Bueno, pues eso y unas Pringles.

—¿De vinagre?

—De lo que tú quieras, zagal.

—Mmm… ¡Hecho!

Y así fue como, de una forma totalmente imprevista y absurda, me casé con una loca peligrosa. ¿Quién me lo iba a decir? Ella y yo, marido y mujer. ¡Jamás me lo hubiera imaginado! Eso sí, una vez desposado, no te creas que estaba dispuesto a aguantarla todos los días de mi vida, hasta que la muerte nos separe. ¡Ni de puta coña! Con el casamiento ya era más que suficiente. Había cumplido con el trato; ergo Nemesio ya no podía denunciarme. ¡Vacío legal! ¡Chúpate esa, Nemesio, hijo de la grandísima puta! Si estás leyendo esto, cómeme el cipote. ¡Y saboréalo bien!

Perdona, queridísimo lector, ya me estoy yendo por las ramas otra vez. Esto… ¿Qué te iba a contar ahora? ¡Ah, sí! Nemesio y yo estrechamos la mano. Me tomé mi wiskito cortito y, lleno de alegría y gozo, di la buena nueva a mis compañeros de clase:

—¡¡¡Chavales, que me caso!!! —exclamé a la vez que lanzaba la copa vacía por los aires.

—¿Cómo? ¿Así, de repente? —preguntó Carlos confuso.

—Sí señor. Me he enamorado.

—¿De quién?

—No te lo digo, que se gafa.

—¿Y cuántos años tiene esa persona?

—Veintitrés, ¿por?

—Nada, por saberlo. —Hizo una breve pausa y continuó con el interrogatorio—: Y cuando va al supermercado, ¿qué marca de leche compra?

—Carlos, ¿todo bien en casa?

—¿Qué casa?

Lola irrumpe en la conversación:

—¡Qué callado te lo tenías!, ¿eh? A ver si nos invitas.

—Hombre, por supuesto. ¡Eso faltaba! ¡Je, je, je!

—¿Ya sabes el menú?

—Pues no me voy a complicar mucho, la verdad. Sopa de sobre y agua del grifo. ¡Ah!, por cierto, los cubiertos traedlos de casa. Hay poco presupuesto. Y las servilletas, si podéis, también. Y, si no, siempre podéis limpiaros con cinta americana, que tengo de sobra. Yo la uso para afeitarme.

—¡Ja, ja, ja! ¡Qué tío más cachondo! ¡Me parto contigo!

—Sí, sí, tú ríete si quieres, que luego vas a llorar —murmuré.

—¿Y dónde se va a celebrar el enlace?

—¿Dónde va a ser? En mi casa.

—¿Qué casa?

Y nos tomamos una ronda de chupitos a nuestra salud. El ambiente se iba caldeando. Mario llegó de improviso y, tras enterarse de la celebración, se sumó a la lista de invitados. Fue una noche llena de turbulencias, nos bebimos hasta el agua de los floreros, literalmente. Nada más pimplarnos la botella de J&B, Mario soltó por su boca la frase más peligrosa de la historia de la humanidad: «¡No hay huevos!». ¿Y adivina qué? Efectivamente, los hubo. Tú imagínate a una manada de cerdos sudorosos peleándose por un puto florero de mierda. Encima, con el agua podrida. ¿Qué podría salir mal? Mario le metió un buen trago. Carlos, el ser que yo nunca pensé que llegaría a hacer algo así, también. ¿Lola? Bueno, solo sorbió un poco con una pajita. Y yo, Salvador Raya Blaya, posiblemente uno de los tontos más tontos de toda la península ibérica, me bebí el resto del florero yo solo. ¡De un solo trago! Para sorpresa de nadie, envuelto en aplausos, acabé vomitando hasta la primera papilla que ingerí de pequeño. Y lo que es aún peor: le poté en la polla a un pobre hombre inocente que se encontraba descomiendo en el baño. Vamos, lo que vendría siendo una noche cualquiera en un bar de Ohio.

Dos semanas después

El gran día había llegado. Mi casa se tornaba de un ambiente muy especial y los invitados iban llegando uno detrás de otro: mis compañeros de arte dramático, mis padres, familiares, etc. Alguno de ellos, con un regalo debajo del brazo. ¿El resto? El resto con una axila. Una vez reunidos, me aventuré a dedicar unas palabras en un pequeño escenario improvisado por mí:

—Me gustaría dar las gracias a todos por haber venido. Hoy es un día muy especial, hoy me gano el respeto de todas aquellas personas que dudaban de mi *sex appeal*. Hoy le rompo los dientes con mi tremenda polla a toda esa gentuza que se creía más que yo. Sin nada más que añadir, procedo a hacer un ligero repaso de todos vuestros regalos. Mario, mi profesor de arte dramático y gran amigo, me hace entrega de esta magnífica bolsa de agua caliente para la cama. Mmm… Esto… ¡Gracias, Mario! —Los aplausos se dejan oír—. Lola, mi compañera de clase, me obsequia con unas zapatillas de estar por casa ¡muy calentitas y cómodas! ¡Gracias, Lola! —Aplausos moderados—. Carlos, me ofrece este cupón de descuento de un restaurante chino que cerró hace veinticinco años. —Carraspeé disimuladamente—. Mmm… Bueno, lo importante es la intención, supongo. Y, por último, Andrés. Bueno, este regalo es para Dora. Se trata de…, redoble de tambores, ¡una camisa de fuerza! ¡Qué buen regalo! Gracias, Andrés, te debo una.

La ceremonia transcurría con total normalidad. Los invitados sorbían su sopa, la música sonaba sin cesar… Y Dora no dejaba de darme la brasa, para variar.

—¡Somos marido y mujer! ¿No te alegras? —preguntó mientras sostenía su copa.

—A ver, tampoco te emociones, que me he casado contigo a punta de pistola.

—¿Q… qué me quieres decir con eso?

—¿Que qué te quiero decir? Que, si no lo hacía, tu padre me hundía la existencia. ¿O qué te crees? ¿Que me voy a comprometer contigo así como así? —manifesté a la vez que me rascaba con fuerza el paladar.

—Bueno, pero quién sabe… A lo mejor, en un futuro, surge el amor.

—Dora, la única forma de que yo me enamore de ti es echándome burundanga en el Cola Cao… ¡Uy! ¡Mierda, joder, ya te he dado ideas! Ahora tengo que dejarme el Cola Cao.

—Da igual, ya es tarde. Tarde o temprano, me acabarás amando. ¿Tú sabes lo que le pasó a la última persona que se acostó conmigo?

—Se me ocurren muchas cosas que responder en este momento, pero todas son de un humor demasiado fácil.

—Pues ¡se quedó coladito! El que prueba conmigo repite.

—¡Anda, como las morcillas!

—Sí, sí, tú cachondéate. Pero, lo quieras o no, tú estás destinado a estar conmigo.

—Mira, sí, lo que tú digas. Para ti la perra gorda.

Mi plan estaba claro. Una vez terminada la celebración, comenzaba una nueva vida en Tristán de Acuña, la isla más inaccesible y remota del mundo. Está en el quinto coño y la única forma de llegar hasta ahí es en barco. Mis ahorrillos me lo permitían, pues había estado guardando dinero durante varios años. Todo ello con el fin de solventar cualquier posible problema en el futuro. Y estaba claro que aquello se trataba de una emergencia, ¡y de las gordas! Así que decidí concluir la ceremonia y organicé una última cena de despedida, esta vez en una zona reservada de un restaurante, como Dios manda (pagaba mi padre).

Cayó la noche y todos los invitados degustaban con esmero sus platos: Mario no hacía más que embriagarse con Licor 43, Lola disfrutaba de su hamburguesa vegana, y Carlos se metía entre pecho y espalda una *pizza* con piña ¡con cuchillo y tenedor! Ahora que lo pienso, quizás ese chaval no era tan normal como yo pensaba… ¿El resto de la clase? Jugando a las cartas, cómo no. Yo ya estaba hasta los mismísimos *habiscoris*, con h y con b. Pasaban los minutos y el jaleo cada vez era mayor. Al parecer, uno de ellos había perdido la partida y no supo encajar muy bien la derrota, por lo que agarró una silla y la estampó contra un ventilador de techo que se encontraba a máxima velocidad. ¡¡Menuda la que lio!! ¡Todas las aspas a tomar por culo! Trocitos de silla por doquier y una ventana rota. Y, por si fuera poco, varios trozos de dicha silla acabaron sumergidos en mi puré. ¡Madre mía! Ese puto juego ha roto más familias que las drogas… En fin, en ese instante estallé como nunca antes lo había hecho. Yo siempre he dicho que puedes meterte conmigo y llamarme de todo. Evidentemente, me enfadaré un poco. Pero, como se te ocurra hacer algo que involucre a mi comida de por medio, déjame decirte que estás muerto. Pero no muerto para un rato, no. ¡Muerto del todo y para siempre! Una vez aclarado esto con el fin de evitar ayayáis y *madremías*, te narraré la barbaridad que hice en respuesta a aquella animalada, no sin antes ordenar la baraja de cartas, por supuesto.

—¿Queréis ver un truco de magia? —pregunté en tono picaresco y con total tranquilidad.

Mis compañeros se mostraban confusos ante tales palabras. Se suponía que debía estar subiéndome por las paredes y, sin embargo, estaba cerca de realizar un truco de magia, como si nada del otro mundo hubiese sucedido.

—¡Hala! Pues ¡aquí tenéis vuestro truquito! —exclamé.

De inmediato, agarré de las rastas a aquel chaval y, con toda la rabia del mundo, le bajé los pantalones y calzoncillos hasta los tobillos. —Menuda rima me acabo de marcar, como quien no quiere la cosa—. Él se resistía, mas yo lo inmovilicé y, con las manos manchadas de puré, lo acosté sobre la mesa. Tirando al suelo todo lo que había en ella de un plumazo, lo enrollé en el mantel como si de una pieza de *sushi* se tratase, para más adelante, con una mini cuerda que casualmente traía en mi bolsillo, terminar de envolverlo por los pies.

—¡Para, para! ¡Estás loco! —manifestó con un nudo en la garganta.

—¡¡No, no estoy loco!! ¡Estoy sin comida, sinvergüenza!

Los comensales no daban crédito. ¿Quién era ese desequilibrado que estaba envolviendo a un compañero? Desde luego que yo no era. Salva se había ido, ya no estaba. No conseguía reconocerme. Era como si un maníaco me hubiese poseído. Poco a poco, mis amigos me calmaron y lograron convencerme de que lo soltara. A saber qué habría hecho si no me hubiesen parado los pies… Seguramente, lo hubiese pegado al techo con la cinta aislante que casualmente traía en mi riñonera. Pero no, por fortuna lograron tranquilizarme antes de que algo así llegara a suceder.

Después de la tormenta llegó la calma. La cena finalmente transcurrió con normalidad y ya habíamos pasado a los postres. ¡Ya era hora de hacer el gran anuncio! Así que me puse en pie encima de la mesa y, con la mano en el pecho, me dirigí a todos ellos:

—Chavales, lo siento mucho, me voy de la ciudad.

—¿¡Cómo!? ¿Te vas? Pero si solo llevas dos semanas con nosotros… —afirmó Lola apenada.

—Sí, lo sé. Pero debo marcharme, no me queda de otra. Quiero que sepáis que estas dos semanas han sido para mí las mejores y que siempre os voy a llevar en el corazón.

—¡Jo! ¡No me digas eso, Salva! —dijo Mario—. Si tú te vas, ya no podré seguir pagando la hipoteca. Aparte de que te echaré de menos, claro. —Carraspeó.

—¡Joder, Salva, nos dejas con intriga! Dinos por lo menos a dónde vas —suplicó Lola.

—De verdad, lo siento, no puedo decirlo.

—Pero ¿por qué? No lo entiendo.

—Pues porque… —Dora interrumpe la conversación rompiendo en llanto.

—¿Do… Dora? ¿Qué te pasa? —pregunté confuso.

—¡Snif! ¡Que soy una mierda: eso es lo que pasa!

—Dora, pero… ¿por qué dices eso?

—Pues porque por mi culpa te vas de la ciudad. Sé que es por mí, no hace falta que trates de ocultarlo. ¡Snif, snif!

—Vale, lo confieso, es por ti.

—Ya, me lo suponía… —Secó sus lágrimas con un pañuelo y continuó—: ¡Snif, snif! Mira, Salva, yo sé que te he tratado como una mierda desde el primer día, que he sido una tóxica y una repelente. Pero no sé por qué soy así. A veces siento como que no soy yo misma, pierdo el control de mis actos. Te he tratado fatal y eso me duele por… porque en el fondo siento que tú eres el amor de mi vida y te… te estoy perdiendo. Me aterra solo de pensarlo. Snif, snif.

—¡Dora…!

—Ahora mismo pensarás que soy una loca que no sabe lo que quiere y que se pasa la vida haciendo daño. Snif, snif. —Continuó llorando por unos segundos y prosiguió—: ¡Salva, perdóname! Te he hecho sentir fatal y me duele mucho porque te amo. Solo de pensar todo lo que has tenido que sufrir, me parte el alma.

—Dora…, yo… no esperaba esto, de verdad. Me estás dejando al borde de las lágrimas a mí también. Jamás pensé que te darías cuenta. Pero, lo siento mucho, nunca podría estar contigo. Somos muy distintos.

—Ya, lo entiendo. ¡Snif!

No estaba muy seguro de si era real o era un sueño. Por fin Dora había entrado en razón. Era como si de pronto, por ser el final de la historia, las cosas se tornaran del revés. Ambos terminamos llorando desconsoladamente y abrazándonos, contándonos nuestras penas e inquietudes.

—Si tan solo pudiera ver de nuevo a Ana… —expresé.

—¿Qué le dirías?

—En primer lugar, «lo siento por no haberte valorado como te merecías. Tú estabas ahí cuando más te necesitaba. Me apoyabas incondicionalmente, eras mucho más que una follamiga. Y, sin embargo, yo estaba ciego». Tanto tiempo buscando a esa chica especial, sin darme cuenta de que mi verdadero amor era ella.

—Yo sé que desde alguna parte te estará viendo y estará muy orgullosa de ti, te lo aseguro.

—Gra… gracias, Dora. No sabes cuánto me sorprende tu repentina amabilidad.

—No hay de qué, Salva. Por cierto, ¿sigues pensando en irte?

—Sí —afirmé entre suspiros—. Mi lugar no es este, Dora. Yo necesito irme lejos, conocer mundo. Pero sobre todo paz y sosiego. Y, muy a mi pesar, aquí jamás podría tener la tranquilidad que tanto ansío.

—Ya, te entiendo… Salva, te voy a echar mucho de menos.

—Claro, ahora tendrás a una persona menos a la que fastidiar, ¿no?

—¡Ja, ja, ja! No, tonto. Te lo digo muy en serio, ya no será lo mismo sin ti.

—Aprecio mucho el hecho de que me vayas a echar en falta. Yo solo espero que, si en un futuro conoces a tu verdadero amor, no lo trates como me trataste a mí. Solo te pido eso.

Inmediatamente, Dora procedió a fundirse conmigo en un tierno abrazo.

—Tranquilo, te doy mi palabra.

Aquel 21 de marzo de 2021 no se me olvidará jamás. Fue un antes y un después en la historia de mi vida. No solo había logrado ver el lado más sensible y vulnerable de Dora —que no es tarea fácil—, sino que también había conseguido reunir la suficiente valentía para empezar de cero. Una nueva vida aislado de todo. Un lugar apaciguado, repleto de armonía y gente de bien, sin nadie que pueda perturbar mi descanso…

A no ser…

FIN

Era broma, aún no ha acabado. Falta un poquito, solo un poquito. Un poco más y… ¡Ahora sí!

FIN

CAPÍTULO 11:

ESTE EPISODIO ES DE RELLENO

Parece ser que este microrrelato ha sido demasiado micro. Es por ello que me gustaría hacer una especie de recopilación de tomas falsas. Nadie es perfecto, y eso es algo que el ser humano ha sabido disimular muy bien. No obstante, la vida es un gran cuenco de tomas falsas variadas, en el que puedes encontrar de todo un poco. Desde un desafortunado pero simple *lapsus linguae* hasta una interminable cadena de meteduras de pata. Así que ha llegado la hora de revelar la otra cara de la moneda, lo que no se ve.

El personaje de Dora es probablemente uno de los más excéntricos de este relato, interpretado por Asunción Carvajal, actriz de gran prestigio, protagonista de series como *Hay una serpiente nadando en mi sopa* y *Las aventuras de Eustaquio Habichuela*. Cómo no, nominada a los Premios Óscar en ocasiones varias. Pues bien, Asunción ha sido víctima de innumerables trabadas durante la grabación de dicha obra. Todo ello con la excusa de «es que me habéis pegado la lengua al paladar». Blablablá… Agárrate bien, mi amado lector, porque vamos a hacer un viaje hacia alguna de sus meteduras de pata.

Capítulo 2: Dora la masturbadora

Me apresuro rápidamente al aseo y... No me lo puedo creer, Dora ya ha salido del baño.

—Sabía que no podías asistir —dijo Dora con sonrisa pícara.

—¿De... de qué estás hablando?

—Vamos, no me digas que no sabes a lo que me refiero. Sé lo que estás pensando.

—¡Madre mía! ¿Qué dices? ¿Tú te has leído el guion? ¡Ja, ja, ja! —Exploto de la risa.

—¡Joder, es que menudo tocho tengo aquí!

—¡CORTEN! Sois unos putos inútiles. ¡Los dos! No valéis ni para estar escondidos —aseguró Marcos, el director.

—Vale, campeón. Ahora te pones tú, a ver si lo haces mejor —repliqué alterado.

Capítulo 4: ¡Atrás, Cupido!

—¿Sí?

—No.

—Perdona, ¿esto es una broma?

—¿Quieres saber la verdad?

—Pero ¿qué dices? Tú no te meterás carajillos de anís dulce por vena, ¿verdad?

—Tú eres mío, ¿me oyes?

—Pues no muy bien, la verdad. Se escucha flojito, tengo que ajustar un poco el volumen del teléfono.

—Bueno, como veo que no te enteras, te lo voy a decir directamente: estoy en el mismo centro comercial que tú. Solo tienes que acertar quién soy.

—Si me dieras una pista, estaría genial.

—Tengo una cancha de...

—Una cancha de baloncesto en el tobillo. ¡Ja, ja, ja!

—Oye, que no tiene gracia. Lo estoy pasando muy mal… —dijo mientras mi boca se colmaba irremediablemente de carcajadas.

—¡Ja, ja, ja! Y no te la puedes quitar porque tienes los brazos demasiado cortos, ¿me equivoco? ¡Ja, ja, ja!

—¡Gilipollas!

Sí, lo admito, en ocasiones he sido un poquito hijo de puta con Asun. Pero ella no se lo toma a mal. O eso creo. La cuestión es que hay muy buen ambiente durante los rodajes, y eso se nota. Por ejemplo, cuando estábamos grabando el quinto episodio, durante una de las tomas del principio, en la cual Ana se tragaba accidentalmente el pájaro —el cual, por cierto, tuvo que tragarse de verdad—, borré accidentalmente todos los episodios ya grabados. Y todo porque no se me ocurrió otra cosa que acceder al ordenador del equipo de rodaje y hacer clic en «Borrar todos los archivos». ¿Cómo iba yo a saber que ese botón eliminaba los archivos? Soy actor, no informático. En resumen, menudo cabreo se cogieron todos conmigo. Estuvieron muy cerca de darme una paliza completa —con sus mordisquitos en el hígado y patadas en la muñeca—. Pero no, en lugar de eso, solo dijeron que mi madre tendría que haber abortado o algo así. La verdad, no lo escuché muy bien. Tenía las orejas tapadas con cinta aislante. ¿Y por qué cuento esto? Nada más y nada menos para que veáis que, a pesar de todo, el ambiente no es como en otras productoras. Aquí no hay toxicidad ni mierdas en vinagre. Aquí la gente se habla de forma cordial, con mucho respeto.

¿Y qué pasó con los capítulos? Muy sencillo, tuvimos que volver a grabarlos, desde el primero hasta el octavo.

Capítulo 5: Una menos en Canarias

—Es por esa tal Reyes, ¿verdad? Sigues pensando en ella...

—¿Y a ti qué te importa? ¿Acaso tú eres mi pareja? —exclamé enfurecido.

—Oye, tú a mí no me hables así porque... Eeeh... Mmm... Esto... ¿Qué tenía que decir ahora?

—Algo de una lengüita y un perro butanero o algo así.

—¡Ah, vale! Eeeh... ¿En qué escena estábamos? —preguntó Asunción confusa.

Asun no ha sido la única que ha errado. Yo, por ejemplo, también he cometido mis fallitos. Que, por cierto, todavía no me he presentado, menudo maleducado estoy hecho. Mi nombre es Israel Ortega e interpreto a Salvador Raya. Y, como he dicho antes, yo también me he hecho la picha un lío en determinadas ocasiones. ¡Es que menudos tochos! No me daba tiempo a estudiarme tanto texto. Llegaba a mi casa agotado y solo podía dormir ocho horas y cuarenta minutos en vez de nueve horas justas. ¡Era horrible! Pero lo peor de todo eran esas dichosas escenitas sexuales. A veces ni se me empalmaba con tanta camarita y tanto foco apuntándome el cipote. Una vez, haciendo la escena de sexo con Cheetos en el capítulo 6, uno de los directores mandó a volar una cámara de una patada, con tan mala suerte que aterrizó sin piedad en un plato de sopa que había justo al lado de la cama, rompiendo la porcelana del mismo y salpicándome toda la polla de caldo ardiendo. Eso estaba más caliente que el queso de un sanjacobo, ¡que ya es decir! Desde ese momento ya no he vuelto a ver la sopa con los mismos ojos. Le he cogido trauma, lo admito.

Una vez concluida esta bonita historia, volvamos por fin al meollo: las tomas falsas. La primera de ellas tiene que ver bastante con táperes, albóndigas y pestañas salpicadas por líquido.

Capítulo 5: Una menos en Canarias

—Bueno, lo que tú digas. Pero ¿no crees que se te olvida algo?

—¡¿El qué, Dora?! ¿El qué? —grité enfurecido.

—Mi táper de litro y medio. Devuélvemelo.

Respiré hondo, exhalé lentamente el aire y, una vez calmado, rompí el silencio:

—Mira, Dora, en este momento se me ocurre una larga e interminable lista de insultos para dedicarte, y créeme que ninguno de ellos es legal. Pero, en vez de faltarte al respeto, te diré lo siguiente: ven aquí ahora mismo y llévate el puto táper de mierda. Así te reviente un día en la ca… cara mientras guardas pestañas con caldo, y el líquido te salpique hasta el… el cielo de la boca. Como un gran lefazo, pero hecho de líquido de albóndigas.

—En todo caso sería un albondigazo. ¡Ja, ja, ja!

Lo sé, fue una liada muy absurda por mi parte. Pero tengo la excusa perfecta, lo juro. Resulta que ese día había dormido fatal. Sí, exacto, fue por eso. Para más contexto voy a necesitar hacer un pequeño *flashback* a aquel día —sonidos y efectos de *flashback* que no puedo añadir aquí por falta de presupuesto—.

Era martes de madrugada y me hallaba durmiendo en mi colchón viscoelástico. Que no es que fuese viscoelástico, sino que el que me lo regaló recibía ese apodo en el barrio —ya que era un tipo muy flexible y de mirada desviada—. Un señor encantador, por cierto. Eso sí, se le iba un poco la mano con el alcohol. Pero, bueno, ahora no estamos hablando de eso. El caso es que estaba descansando muy profundamente, cuando de pronto comencé a tener una pesadilla muy extraña. El sueño comenzó con un tinte bastante tranquilo. Yo estaba engullendo un buen plato de croquetas de pollo al lado de la chimenea de mi casa, cuando de pronto suena mi teléfono móvil:

—Hola, buenas tardes. ¿Está usted conten…?

—¿Contento con qué? —interrumpo de manera un tanto brusca—. ¿Con mi ADSL? Sí, y mucho.

—No, no. Que si está usted contento, en general.

—¡Ah, vale! Pues, la verdad, no lo sé.

—De acuerdo. Gracias por contestar.

Cuelgo el teléfono.

—¡Hay que ver, qué gente más rara! —exclamé a la par que eliminaba restos de bechamel de mi rostro.

No pasaron ni tan siquiera cinco minutos y mi dispositivo volvió a sonar ensordecedoramente. Tras descolgar, una voz aterciopelada y un tanto enigmática hizo acto de presencia:

—¡Vamos a jugar a un juego!

—Buenas tardes, lo primero. Digo yo, vamos.

—Sí, sí. Perdón. Eh, muy buenas tardes. A continuación, te explicaré las reglas del juego.

—Pero ¿qué «reglas del juego» ni qué niño muerto? Yo creo que usted se ha equivocado de número.

Guardó silencio y prosiguió como si nada:

—Las normas son las siguientes. Tienes veinticinco croquetas en tu plato, ¿no es así?

—E… exacto. ¿Cómo coño lo sabes?

—Bien, de esas veinticinco croquetas, una de ellas está envenenada, y tienes que adivinar cuál es.

—Espera, espera. ¿Esto es algún tipo de broma telefónica o algo por el estilo?

—Si no la encuentras antes de medianoche, algo terrible sucederá.

—¿El qué? ¿Me van a subir el alquiler? ¿O la luz? Si no es nada de eso, no me asusta.

—No puedo decirte nada más. He de colgar. UwU.

—¿«UwU»? ¡Qué tipo más imbécil!

Devoré mis croquetas, una detrás de otra, y, ¡zas!, un sabor muy amargo y químico comenzó a romper mis papilas gustativas. En lugar de beber de mi vaso de refresco, le había dado un trago a la botella de friegasuelos, que casualmente se hallaba justo al lado del plato. Deliberadamente, me mareé y entré en una especie de túnel espacial. Siluetas humanas transparentes corrían delante de mí y, de fondo, una música chirriante a la par que pegadiza se dejaba oír. No sabría muy bien cómo describir esa melodía tecno. Era terrorífica, pero también marchosa. Era terroríficamente marchosa. Asimismo, el volumen de esta era ensordecedor. Tal era el estruendo que desperté de aquel mal sueño sobresaltado, sudando y con taquicardia. No recuerdo haber tenido nunca semejante experiencia tan horrorosa. Algo así no se lo deseo ni a mi peor enemigo. Es por eso que digo que la toma falsa de ese día está totalmente justificada.

Hay días en los que, le pese a quien le pese, es mejor no levantarse. Como aquel 19 de abril, día en el que se comenzó a rodar el octavo capítulo llamado «Aventurilla clandestina», a partir del cual Carlos Altamira —que interpreta a Andrés— tendría más relevancia que nunca. A continuación, te revelaré una de mis meteduras de pata más bochornosas. Que no es que considere que mi error fue tan vergonzoso como para meter la cabeza bajo tierra; sin embargo, el mero hecho de haber tenido que repetir la dichosa escena tantas veces provocó en mí una verdadera necesidad de matar a alguien.

Capítulo 8: Aventurilla clandestina

—Bueno, pues a ver si eres tan gracioso cuando te meta por la uretra el granizado de tomate que te estás bebiendo —dijo Andrés en tono amenazante.

—¿Y tú… tú cómo sabes que tengo uretra? ¿Estás asumiendo mi género? —le cuestioné con cierto tono burlesco.

—Sí, sí, tú ríete, que ya verás. Te voy a mandar a tres rumanos.

—O sea que no eres lo suficientemente atrevido como para venir tú mismo a explicarme las cosas. Vale, vale, pues nada. ¿Andrés es un gallina? Pues sí, Andrés es un gallina. Pero, bueno, qué se le va a hacer…

—No, perdona, yo no soy ningún gallina. Lo que pasa es que estamos en Murcia, ¿sabes? Hace cuarenta grados a la sombra.

—¡¡CLA, CLA, CLA!!

—¡¡¡CORTEN!!! —exclamó el director—. ¡Es «clo, clo, clo»! ¿Eres tonto o qué te pasa? ¿No sabes qué sonido hacen las gallinas?

—Perdón, me he liado. Es que esa parte es muy complicada.

—¡«Es que esa parte es muy complicada»! Blablablá… —exclamó en un tono claramente burlesco—. Bueno, pues, si te parece difícil, ponte tú de director y me dices qué te parece. A ver si se te da mejor que a mí aguantar imbéciles… ¡Vale, repetimos!

—No, perdona, yo no soy ningún gallina. Lo que pasa es que estamos en Murcia, ¿sabes? Hace cuarenta grados a la sombra.

—¡¡CLI, CLI, CLI!!

Si no estuve dos horas intentando dar con la vocal correcta, no estuve ninguna. Fue algo acojonante. ¿Y sabes qué es lo mejor de todo? Cuando por fin conseguía dar con la tecla, me distraía mirando al techo y se me iba la onomatopeya de la cabeza. Una cosa muy curiosa que solo me pasa a mí, por supuesto. Y además desde pequeño. Cuando mi madre me hablaba, nunca prestaba atención. ¿El motivo? Estaba demasiado ocupado contando las gotas de pintura gotelé del techo. Siempre fui un chico muy distraído. Esto… Por cierto, ¿de qué estábamos hablando? ¡Ah, sí! Tras muchos intentos, frustración y tomas falsas a cascoporro, logré finalmente finalizar —valga la redundancia— la secuencia.

Rafaela Ortiz es un pedazo de actriz como la copa de un pino. Pues no solo ha dado vida al personaje de Ana, sino que también ha participado en numerosas películas, tales como *Madre solo hay* una, *Madre solo hay una 2*, *Madre solo hay dos 5* y *¡Madre, solo hay una!* A sus escasos veintitrés años, posee un total de cincuenta cameos en distintas películas y series. Incluso ha participado en programas como *Vamos a reírnos un rato* y *Mi esposa pesa veinte kilos*. Aquí, con todos nosotros, Rafaela Ortiz.

Capítulo 3: La cara oculta

—Esto… Ana, ¿puedo contarte un secreto?
—¿Un secreto? Claro, soy toda oídos.
—Verás, te vas a reír… Ayer en el cine, cuando fui al lavabo, me encontré a Dora…
—Así que era eso… Mira, tú y yo no somos… no somos pareja, no tienes por qué ocultarlo…
—Pero ¡no interrumpas! ¡Déjame terminar al menos! ¡Ja, ja, ja!

No cabe duda de que el personaje de Ana ha sido uno de los más importantes para Salvador. No solo fue su mejor y única amiga, sino también un hombro sobre el que llorar. Esa fugaz media naranja que pasó inadvertida por la vida de Salva, sin la cual los días y las noches ya no serían lo mismo.

El día en que murió gran parte de los recuerdos se fueron con ella. No obstante, y para sorpresa de nadie, eso no la hizo caer definitivamente en las garras del olvido. Y es que varios episodios más tarde Salva sería testigo de su aparición, momento en el cual aprovecharía para realizarle alguna que otra preguntilla.

Capítulo 7: El macabro, dramático y disparatado mundo de los sueños

—¡No, Ana, espérate un poco! Necesito preguntarte dos cositas.
—De acuerdo, pero no tardes demasiado.
—Lo primero de todo, me gustaría saber cómo estás.

—Pues ¿no lo ves? Mejor que nunca, sin duda. ¡Esto de estar muerta es la hostia! No tengo que trabajar ni pagar facturas. Es la excusa perfecta para no hacer absolutamente nada.

—¡Ja, ja, ja! Tú siempre con tu sentido del humor, ¡me encanta!

—¡Ja, ja, ja! Pues si es que es verdad… Oye, ¿qué era lo otro que me querías preguntar?

—¡Ah, sí! ¿Qué hay más allá de la bebida?

—Vaya… ¿De la bebida? —Sonrió sutilmente al borde del estallido de risa y prosiguió—: Eso no te lo puedo decir, tienes que ser tú el que deje el alcohol.

—¿Y cómo se hace eso?

—El truco que más recomiendo personalmente es dejar de beber.

—Buah, ¡muchísimas gracias! Me acabas de mostrar la caja de Pandora.

—¿Has visto? Y sin estudiar. ¡Ja, ja, ja!

—¡Vale, corten!

Carlos Altamira es probablemente el actor más bohemio, pícaro y bonachón que conozco. Además de polifacético. Con dos Óscares a sus espaldas —que no es que haya ganado ningún premio, simplemente tiene dos amigos llamados Óscar que siempre van detrás de él—, ha demostrado ser un artista de gran versatilidad y totalmente comprometido con su trabajo. Todo ello gracias a sus obras más conocidas. Participó en películas como *El diablo es mi suegra*, *Valiente mierda de niños* y *Mi abuela está en llamas*. Pese a ello, su personaje estrella ha sido sin ningún atisbo de duda el de Andrés, un enigmático varón con aires de mafiosillo, que sabe ganarse la confianza de la gente a través de su impecable verborrea. A continuación, vengo a contar mi anécdota más surrealista con el actor que da vida a dicho personaje, Carlos Altamira.

Carlos y yo nos conocimos por primera vez en un baño público, concretamente en el de la estación de autobuses de Murcia. Sé que es algo impropio de un ser humano en sus cabales, pero, a ver, no somos el mejor ejemplo de cordura, todo hay que decirlo. En resumidas cuentas, yo me hallaba miccionando en uno de los cubículos, cuando, de un momento a otro, escucho el sonido de un vehículo a motor aproximándose.

—¿Qué cojones? ¿De dónde viene tanto barullo? —me pregunté mientras dejaba caer las últimas gotas.

Me subo los pantalones, tiro de la cadena y me dispongo a abrir la puerta. Todo ello para encontrarme con una increíble sorpresa. Era Carlos, que había entrado con su moto al aseo.

—Muchacho, ¿qué haces con ese bicharraco aquí? —le pregunté llevándome la mano a la cabeza, como señal de incredulidad.

—Iba montando en moto y me han dado ganas de ir al baño.

—¡Ah, vale! ¿Y no has pensado en aparcarla fuera, alma de cántaro?

—¡Ni de coña, vamos! Que no es la primera vez que me la roban. El otro día, sin ir más lejos, me quitaron la rueda de delante entre cuatro quinquis, y justo cuando esperaba en el semáforo. ¡Menudas ratas!

—¡Y que lo digas! En Cieza, el pueblo donde nacieron mis padres, suelen arrancar los cables de las farolas, y algunos hasta roban bancos.

—¡Joooder! Pero ¿eso cómo? ¿A punta de pistola?

—Qué va. Me refiero a bancos de los de sentarse.

—Mmm… Vale, eso ha sido demasiado predecible.

—Ya. Pero ¿a que no te esperabas esto?

—¿El qué?

—…

—¿Vas a decir algo ya, o te voy a tener que enganchar del cuello para darte un morreo con lengua?

—Tercero en… Ter… tercero en… Tercero en… En tercero… En… en tercero… de primaria… En tercero de primaria…
En tercero de primaria lengua yo suspender.

—No me imagino por qué.

En resumen, Carlos y yo hicimos muy buenas migas desde
un principio. Me dejó probar su moto —fuera del cuarto de
baño, claro— y me invitó a un café en un bar de la misma estación. A partir de ese momento nuestra conversación solo pudo
ir a mejor. Empezamos a contarnos nuestras vidas, a hablar de
política, de problemas familiares, de cosas de la infancia, etc.
Hasta que a uno de nosotros se le ocurrió sacar el tema de la
interpretación.

—¡Ah, que tú también interpretas! —exclamó Carlos cierta-
mente sorprendido.

—Bueno, eso dicen.

—¡Ja, ja, ja! Pero ¿qué eres? ¿Famoso?

—¡Hala! ¡Ja, ja, ja! Qué va. No me conoce ni el Tato. Salgo en
una aberración audiovisual llamada *Disparates pornográficos de un
tío de Murcia*.

—Pe… pero ¡¿qué dices?! ¿Haces porno?

—No, no exactamente. Bueno, sí, aunque no del todo. En
realidad, no sé cómo describirlo. Es una miniserie normal, pero
contiene gran cantidad de escenas sexuales reales.

—Eso… eso en mi tierra se llama porno.

—Pichí pichá.

—¿Y os hace falta otro personaje o ya está completo el cupo?

—¿El… el qué?

—El cupo. O sea que si os hace falta otro actor más.

—¡Ah! Pues, mira, sí. Justo ahora estaban pensando en añadir
otro personaje.

—¡Oye, cojonudo! ¿Y cuándo podría empezar?

—Ya mismo. De hecho, voy a mandarle un wasap al director
de la serie para decirle que ya estás dentro.

—¿Así de fácil?

—Sí, el director es primo mío. Todo lo que diga yo va a misa.

Y así, mi querido leyente, fue como conocí al único, inimitable y auténtico Carlos Altamira, un actor que, como todo *Homo sapiens sapiens*, es imperfecto. Perfectamente imperfecto. ¿Qué sería de la vida sin la imperfección? Menudo tedio, ¿verdad? ¿De qué nos reiríamos? ¿A quién regañaríamos? Y lo más importante, ¿de qué nos quejaríamos? Tú imagínate por un segundo que vivimos en una utopía en la que no hay nada por lo que indignarse. No podrías llamar desgraciado ni *cagabandurrias* a nadie. ¡Eso sí que sería aburrido! En fin, discúlpame, me enrollo más que las persianas. Esta ha sido la no tan breve introducción que da lugar a… —redoble de tambores— ¡la toma falsa de Carlos Altamira!

Capítulo 8: Aventurilla clandestina

—Eeeh… Verás, pruebas, lo que se dice pruebas en sí como tales, como concepto general, no poseo. —Carraspea a la vez que ensancha el cuello de su vieja camiseta.

—O sea que me has hecho lavar los únicos calzoncillos que me quedaban para recibirte en persona y… ni siquiera tienes argumentos concluyentes. Mira lo que te digo, eres… eres un…

—¡Espera! Por supuesto que tengo, ¿quién te ha dicho que no? El otro día, cuando me viste en persona y me tocaste la nariz…

—¿Que yo te toqué la nariz? Querrás decir el culo…

—¡Eso, el culo! Cuando me tocaste el culo, ¿qué me dijiste? Que era el amor de tu vida, ¿verdad? Pues se nota más bien tirando a poco. Cuando una persona de verdad te quie…

—¡Vale, corten!

—¡Ja, ja, ja! ¿Te imaginas haber sacado la secuencia así?

—No, no me imagino —respondió de forma cortante el asistente del director.

Marta —alias Cheetos— es una chica con personalidad. Su aparición, aunque algo fugaz, ha supuesto un pequeño lavado de cara para la novela —concretamente para el sexto episodio—, que daría lugar a otro personaje muy pintoresco, que, sin pretenderlo, daría lugar a su vez a otra trama. Interpretada por Magdalena Castro, de veintitrés años, una actriz que, pese a su corta trayectoria, ha logrado encajar a la perfección en el elenco. Habiendo sido este su primer papel importante, hizo pequeños cameos en anuncios de la marca Coca-Cola y Pepsi, apareciendo en el fondo e incluso formando parte del decorado de los mismos. A la edad de cinco años, su madre la inscribió en el *casting* de *Agáchate mientras puedas*. No la escogieron, pero estuvieron a punto. Dos años más tarde la chica esponjosa se cayó por el hueco de las escaleras, teniendo que llamar desesperadamente a sus padres. Con tan solo trece años, se metió en la piel de un pimiento en una obra de teatro infantil en el colegio, teniendo que lidiar a su corta edad con la pesada carga de la popularidad, lo que provocó que sus padres la obligasen a estudiar interpretación un año después. Y así fue como, a sus veintitrés primaveras, acabó desempeñando el papel más relevante de su vida. Cheetos es una chica irremediablemente friki, auténtica, con delicioso sabor a queso y una textura innegablemente crujiente. Con tan solo verla, a Salva se le hacía la boca agua. Y no es de extrañar, porque si, además de ser tan guapa, tiene nombre de *snack*, ya sin duda es la mujer perfecta.

Lo que verás a continuación, son las últimas dos tomas falsas de esta nuestra historia. Sí, también es tu historia, pues tú la hiciste tuya, le diste la oportunidad y llegaste hasta aquí. Si te soy sincero, no sé muy bien cómo lo has hecho. Estamos hablando de un libro cuyo escritor ha vomitado en él, un escritor novel que lo único que ha escrito en su vida ha sido la lista de la compra. ¿Lo ves? A veces repito las palabras porque no sé muy bien qué sinónimos poner. En fin, el caso es que quería darte las gracias a ti, mi amado lector. Gracias por haberle dado una oportunidad a una obra tan diferente, que va a contracorriente. Un microrrelato que podría ser tan ricamente digno de estudio psicológico. Una historia no apta para mentes medianamente cuerdas, para personas que usan traje y corbata con asiduidad.

Capítulo 6: La guarra de las galaxias

—¡Me encantaría! Y así de paso probamos ese robot de cocina que te has traído…

—¡Ja, ja, ja! Esto no es un robot de cocina: ¡es R2-D2!

—¿Y eso qué coño es?

—¡¿No sabes quién es R2-D2?! Es un estropajo mecánico, contraparte de C-3PO, que es un droide electro… electromecánico! ¡Le salvó la vida a la reina Pa… Pamela A… Amígdala y…!

—Espera, espera, espera… ¿Tú te has fumado un porro antes de venir al rodaje, o cómo va eso? ¡Ja, ja, ja!

—Per… perdón. Es que estoy muy nerviosa. No he dormido nada en toda la noche.

—¡Vale, repetimos!

—¡Ja, ja, ja! Esto no es un robot de cocina: ¡es R2-D2!

—¿Y eso qué es?

—¡¿No sabes quién es R2-D2?! ¡Es un droide mecánico venido del espacio, contraparte de C-3PO! ¡Le salvó la vida a la reina Isabel…!

—Espera, espera… ¿R2-D2 le salvó la vida a la reina Isabel? Vale, no. No voy a hacer ningún chiste fácil con eso.

—¡¡CORTEN!!

Agradecimientos a mi padre por ayudarme a buscar la editorial para publicar esto. Rafa, por brindarme todo su apoyo y estimular mi creatividad con su humor absurdo. Mi madre, por haberme parido y también por animarme a seguir con ello —casi lo dejo en varias ocasiones—. Mi perro, llamado Alquitrán, por no ladrar demasiado mientras escribía. El cartero, por no hacerme bajar y subir las escaleras de mi tercer piso mientras estaba en pijama y con el pelo chorreando grasa. La editorial, por aceptar la obra —guiño, guiño—. A mi abuela por decirme: «Tú come, come bastante. Que te hagas grande y fuerte». Y a mi psicóloga por no encerrarme en un manicomio con una camisa de fuerza. ¡Ah!, y sobre todo gracias a ti. Te llevo en la patata, tronco.

Ahora ya sí que sí.

FIN

ÍNDICE